高等教育应用型人才培养规划教材

高速铁路运营安全管理

主编 张开冉 王建军

西南交通大学出版社
·成都·

图书在版编目（CIP）数据

高速铁路运营安全管理／张开冉，王建军主编. —成都：西南交通大学出版社，2015.1（2018.10 重印）
ISBN 978-7-5643-3622-6

Ⅰ.①高… Ⅱ.①张…②王… Ⅲ.①高速铁路－铁路运输管理－安全管理 Ⅳ.①U238

中国版本图书馆 CIP 数据核字（2014）第 307232 号

高速铁路运营安全管理
主编　张开冉　王建军

责　任　编　辑	周　杨
封　面　设　计	墨创文化
出　版　发　行	西南交通大学出版社 （四川省成都市二环路北一段 111 号 西南交通大学创新大厦 21 楼）
发　行　部　电　话	028-87600564　028-87600533
邮　政　编　码	610031
网　　　　　址	http://www.xnjdcbs.com
印　　　　　刷	四川森林印务有限责任公司
成　品　尺　寸	185 mm × 260 mm
印　　　　　张	9.25
字　　　　　数	230 千
版　　　　　次	2015 年 1 月第 1 版
印　　　　　次	2018 年 10 月第 3 次
书　　　　　号	ISBN 978-7-5643-3622-6
定　　　　　价	23.00 元

课件咨询电话：028-87600533
图书如有印装质量问题　本社负责退换
版权所有　盗版必究　举报电话：028-87600562

前　言

中国高速铁路的发展迅速，根据《中国铁路中长期发展规划》，到 2020 年，为满足快速增长的旅客运输需求，建立省会城市及大中城市间的快速客运通道，规划"四纵四横"铁路快速客运通道以及三个城际快速客运系统。建设客运专线 1.2 万 km 以上，客车速度目标值达到每小时 200 km 及以上。高速铁路网形成网络效应，对交通运输格局产生了较大影响，因此，高速铁路运营安全的重要性不言而喻。

本书从系统安全的角度介绍高速铁路运营安全的基础理论和方法，分别包括安全基础理论、安全生产管理原理、安全评价方法和安全管理方法。同时，本书分析了高速铁路危险源的识别与控制，从高速铁路危险源识别、高速铁路系统主要危险因素及分级、高速铁路运营安全控制三大方面加以分析，力图预防和减少事故的发生。其次，本书建立起高速铁路运营安全保障体系，包含高速铁路运营安全保障理论体系、高速铁路运营安全保障技术体系和高速铁路运营安全管理体系三个方面。最后，本书对高速铁路运营安全保障技术作了详细讲述。

由于编者学识有限，书中难免存在错误与疏漏之处，恳请各位专家、读者批评指正。

编　者
2014 年 10 月

目 录

第一章 绪 论 1
   第一节 高速铁路运营安全概述 1
   第二节 高速铁路运营安全管理研究的对象 2
   第三节 高速铁路运营安全管理主要内容 2

第二章 高速铁路运营安全基础理论与方法 3
   第一节 安全基础理论 3
   第二节 安全生产管理原理 31
   第三节 安全评价方法 35
   第四节 安全管理方法 52

第三章 高速铁路危险源识别与控制 69
   第一节 高速铁路危险源识别 69
   第二节 高速铁路系统主要危险因素及分级 78
   第三节 LEC 评价法 82
   第四节 高速铁路运营安全控制 85

第四章 高速铁路运营安全保障体系 93
   第一节 高速铁路运营安全保障理论体系 93
   第二节 高速铁路运营安全保障技术体系 94
   第三节 高速铁路运营安全保障管理体系 104
   第四节 高速铁路运营安全保障体系框架设计 105

第五章 高速铁路运营安全保障技术 116
   第一节 列车运行控制系统 116
   第二节 环境监测与灾害预测预警系统 121
   第三节 设施装备的监测与在线诊断系统 122
   第四节 事故救援和减灾系统 122
   第五节 环境与设备监控系统 122
   第六节 综合监控（ISCS）系统 131
   第七节 高速铁路控制中心系统 134

参考文献 141

第一章 绪 论

高速铁路客运专线的建设和投入运营，有利于从根本上缓解铁路运输紧张的状况，提高铁路运输能力和服务质量，为基本实现现代化提供可靠运力保证；有利于完善综合运输体系，提供质量更高、更丰富的客运服务，满足旅客不同层次的需求；有利于促进资源节约和环境保护，可以发挥节约土地、能源以及提高安全性等比较优势，降低全社会的运输成本，促进沿线经济社会协调发展；有利于加快铁路现代化进程，带动中国经济建设的迅速发展，提高自主创新能力，并进一步加快中国铁路客运高速化的进程。

《"十二五"综合交通运输体系发展规划》提出，到 2015 年中国快速铁路营业里程达 4.5 万 km，五年增长率达 438.4%。由此可见未来五年铁路建设仍将是中国交通运输体系建设的重头戏。根据《规划》，"十二五"中国铁路建设要完成贯通北京至哈尔滨（大连）、北京至上海、上海至深圳、北京至深圳、青岛至太原、徐州至兰州、上海至成都、上海至昆明等"四纵四横"客运专线。同时，建设北京至呼和浩特、张家口经西安至成都、成都经贵阳至广州、合肥至福州、南京至杭州、合肥至蚌埠、吉林至珲春、沈阳至丹东、哈尔滨至佳木斯、南宁至北京等客运专线辅助线、延伸线和联络线，扩大快速客运覆盖范围，快速铁路营业里程达 4.5 万 km，连接全国省会城市、基本覆盖 50 万以上人口城市。随着高铁建设的全面启动，高铁土建工程及高铁设备需求将大规模增长，高铁行业整个产业链将会受益。

第一节 高速铁路运营安全概述

1964 年日本高速铁路的诞生，标志着世界高速铁路时代的来临。保证旅客和货物的安全是运输工作最基本的要求，高速铁路亦不例外。当前，随着社会经济的发展，人们生活的改善，追求安全、快速、舒适的运输已成为时代对于运输业的要求。特别是公路、航空业的日益崛起，成为铁路强有力的竞争对手。为了保证在竞争中处于有利地位，高速铁路已成为世界铁路发展的趋势。

高速铁路运营安全具有以下几个方面的特点：

（1）高速安全运营的系统性。高速铁路运营是一个紧密联系的大系统，涉及运输生产的各个环节以及铁路技术系统的各个方面，包括人员、设备、环境、管理等诸多因素。

（2）高速安全运营的动态性。高速铁路运输行业生产过程处于时间、地点的动态发展过程中，安全运营要素众多且富于变化，安全运营在一定程度上处于不确定状态。

（3）高速安全运营的复杂性。高速铁路系统是一个复杂大系统，其生产活动既受内部管理因素、人员素养、运输设备的影响，也受外界自然环境和社会环境的影响。

（4）高速安全运营的艰巨程度。高速铁路客流量大、速度快、科技含量高，安全运营意义重大。高速铁路自身是现代的科学和技术发展的具体体现，高速铁路运输的过程中普遍采用了高新型技术，高速化使得铁路的各种技术系统复杂程度逐渐增加，所以，高速铁路的安全运营艰巨性极大。

第二节　高速铁路运营安全管理研究的对象

高速铁路运营安全管理主要针对已经投入运营的高速铁路系统运营过程中所涉及的人、物、环境的行为与状态。高速铁路运营安全管理，主要是组织实施高速铁路安全管理规划、指导、检查和决策，同时，又是保证高速铁路系统处于健康良好状况的根本方法。其主要的研究对象包括：

（1）高速铁路运营机构及人员。
（2）高速铁路乘客。
（3）高速铁路通信及信号系统。
（4）高速铁路线路及电务系统。
（5）高速铁路车辆系统。
（6）高速铁路环境与设备监控系统。
（7）高速铁路灾害预警系统。

第三节　高速铁路运营安全管理主要内容

本书主要内容共分为五个部分，首先介绍高速铁路运营安全基础理论、安全生产管理原理、安全评价方法和安全管理方法。其次系统地介绍高速铁路危险源识别与控制、高速铁路主要危险源因素及分级、LEC 评价法和高速铁路运营安全控制。再次介绍高速铁路运营安全保障体系，其又分为高速铁路运营安全保障理论体系、高速铁路运营安全保障技术体系、高速铁路运营安全保障管理体系。然后，全面总结了高速铁路运营安全保障技术，包括列车运行控制系统、环境监测与灾害预测预警系统、设施设备监测与在线诊断系统、事故救援和减灾系统、环境与设备监控系统及综合监控系统等。最后，本书列举三个高速铁路事故典型案例，分别从事故基本情况、事故发生经过、事故处置过程、事故原因分析和事故经验教训几个方面总结事故，以便更好地对高速铁路运营安全进行管理。

第二章 高速铁路运营安全基础理论与方法

第一节 安全基础理论

一、可靠性理论

可靠性理论作为一门独立的工程基础学科于 20 世纪 30 年代初率先在美国形成。最初,它运用统计方法于工业产品的质量控制中。第二次世界大战期间,许多复杂系统,如航空电子设备、通信系统以及武器系统,都暴露出低下的可靠性水平,特别是 20 世纪五六十年代着手实施各类太空研究计划,成为了推动可靠性工程兴起和发展的主要动力。1965 年,国际电工委员会(EIC)可靠性专业委员会的成立,标志着可靠性技术成为了一门较为新兴的学科——可靠性工程。

(一)可靠性工程的基本内容

可靠性工程涉及面广,需要从科研、设计、试验、制造、运输、贮存、直到使用和维护等方面,进行研究和实施的工作。详见表 2.1。

表 2.1 可靠性工程的基本内容

1. 可靠性基本理论	可靠性数学与故障物理学; 集合论与逻辑代数; 概率论与数理统计; 图论与随机过程; 系统工程与人素工程学; 环境工程学与环境应力分析; 试验及分析基础理论	7. 原件可靠性	制定原件可靠性; 元件失效分析与可靠性评价; 元器件及原材料的合理选择; 元器件的老化筛选; 元器件现场使用情况调查和反馈
2. 可靠性设计	贮备设计和裕度设计; 降额设计和构件概率设计; 热设计、抗机械力设计; 防潮、腐蚀、盐雾、尘设计; 电磁兼容设计和抗辐射设计; 电磁兼容设计和抗辐射设计; 维修性设计和使用性设计; 质量、体积、重量和经济指标综合设计	8. 系统可靠性	可靠性预计与分配; 失效模式效应与危害度分析; 事件树分析法(ETA); 故障树分析法(FTA); 可靠性综合评估

续表 2.1

3. 可靠性试验	环境试验； 寿命试验； 筛选试验	9. 可靠教育性	举办各种可靠性学习班与讲座； 内外培训和内外考察； 专业技术会议； 出版可靠性刊物、可靠性教材
4. 制造	质量控制手段和方法	10. 可靠性管理	建立可靠性管理机构和研究机构； 制定可靠性管理纲要； 制定产品可靠性管理规范； 建立质量反馈制度； 开展产品可靠性评审
5. 使用的可靠性保证	使用和维护规程制定； 操作和维修人员培训； 安全性设计； 人-机匹配设计和环境设计		
6. 可靠性信息	现场数据收集、分析、整理和反馈； 试验数据处理和反馈； 元器件失效率汇集和交换； 各种可靠性信息搜集和交流； 用户调查和反馈	11. 可靠性标准	基础标准； 试验方法标准； 认证标准； 管理标准； 设计标准； 产品标准

（二）可靠性的基本概念

概率论和数理统计是研究可靠性问题的主要工具。概率论能确定可靠性数量特性之间的相互关系。因此，可靠性理论的许多概念是与概率论中的概念密切相关的。而可靠性的测定则主要用的是数理统计方法。

一般所说的"可靠性"指的是"可信赖的"或"可信任的"。我们说一个人是可靠的，就是说这个人言出必行，说到做到。

同样，一台仪器设备，当人们要求它工作时，它就能工作，则说它是可靠的；而当人们要求它工作时，它有时工作，有时不工作（或不一定能按计划进行工作），则称它是不可靠的。因此，在非技术范围内，可靠性指的是确实能完成某项工作，不可靠性是指不一定能完成某项工作。但就其实质来说，可用一句话来定义可靠性：即一台仪器设备，在给定时间内，在预期应用中能正常工作的能力。

根据国家标准规定，产品可靠性的定义是指产品在规定的时期内，在规定条件下，在规定的时间内完成规定功能的能力。

这里的产品，是指作为单独研究和分别试验对象的任何元器件、设备和系统。从定义不难看出，产品的可靠性的高低，必须是在规定的时间内，在规定的条件下，按完成规定功能的大小来衡量。如果离开了这三个"规定"，就失去了衡量可靠性高低的前提。

规定的条件是指产品所处的使用环境与维护条件，包括机械条件、气候条件、生物条件、物理条件和使用维护条件等。这是对可靠性附加的第一种约束条件。由于这些条件对产品失效都有影响，条件变化了，产品可靠性也随着变化，因此，只能在指定的条件下谈产品可靠性。

规定的时期是指产品储存期，规定的时间是指产品执行任务的时间，这是对可靠性附加的第二种约束条件，也是最重要的约束条件。由于产品交付使用后，会受到各种环境应力的影响，可靠性随着时间的延长而逐步下降。不同的时期和不同的时间，对产品失效的影响也不相同。产品在规定的储存期内，一般都应是可靠的，但超出储存期使用，问题就较多。如导弹（产品）在规定的发射准备时间内完成检测，并使系统处于良好的可发射状态，称导弹（产品）有效。否则，在规定的时间内不能完成发射准备，称导弹（产品）无效。因此，只能在规定的时期和规定的时间之内谈可靠性。

规定的功能是指产品设计文件上对产品规定的技术性能，这是对可靠性附加的第三种约束条件。各个产品在系统中承担着不同的任务，有着不同的功能。产品完成了规定的功能要求，就算是可靠的；否则，就说是不可靠的。完成功能的能力，通常表示可靠性的定性要求。完成功能的概率，通常表示可靠性的定量要求，是可靠性大小的度量。

以上对可靠性的定义只是定性的，为了使可靠性的定义有一个确定的定量量度，下面我们给出便于应用数理统计方法，并能广泛使用的可靠性的定量定义。

可靠性就是一个系统在时间 t 内不失效的概率

在规定的条件及规定的时间内不发生故障的概率。设 t 为需要确定的无故障工作概率的时间，T 为系统从开始工作到首次发生故障的概率，那么，我们有下式：

$$P(t) = P(T > t) \qquad (2.1)$$

即无故障工作的概率是指系统从开始工作到首次发生故障的时间 T 大于待确定无故障工作概率的时间 t 这一事件发生的概率。

由无故障工作概率的定义，显然，$P(t)$ 具有下面三条性质：

（1）$P(t)$ 为时间的递减函数；

（2）$0 < P(t) < 1$；

（3）$P(0) = 1, P(\infty) = 0$。

定量研究可靠性，首先，要认识到可靠性所具有的时间特性。产品的可靠性是一个与时间有密切关系的属性，使用时间越长，就越不可靠。所以，在评价一种产品的可靠性时，必须指明是多长时间内的可靠性，离开了时间谈可靠性是毫无意义的。其次，要认识到可靠性所具有的统计特性，建立概率统计的观点。最后，要认识到可靠性具有综合性的特点。

产品的可靠性不是从某一个侧面来衡量产品的优劣的，而是从整体上看产品能否完成预期的功能。因此综合性表现了产品的耐久性、无故障性、维修性、可用性和经济性等。

总而言之，可靠性有其可定量的概率统计特性，在设计中可以预计，在试验中可以测定，在生产中可以保证，在使用中可以保持，在整个寿命周期内可以控制。在研究产品可靠性问题时，必须注意可靠性的三大要素，即条件、时间和功能，建立一个基本的观点，即概率统计的观点，并充分认识可靠性具有的时间性、统计性和综合性的特点。

（三）人的可靠性管理

人的可靠性是在 20 世纪 50 年代发展起来的一门综合性的边缘学科，也是可靠性学科的重要分支。在现代企业生产和生活的大系统中，物的不安全因素具有一定的稳定性，而人则由于其自身及社会的影响，具有相当大的偶然性和随意性。有资料表明，70%～90%的事故灾害直接或间接与人失误、管理失控有关。

人的可靠性定义为：人在系统工作中的任何阶段，在规定的最小时间限度内（假定时间要求是给定的）成功地完成一项工作或任务的概率。近年来，人的可靠性越来越多地受到了人们的重视，主要有两方面的原因：一是人-机-环境系统已向高度精密和高度复杂化发展，而导致系统失效，将可能产生深远影响和不可预测的后果，如美国三哩岛核电站事故；二是各种研究表明，系统失效很大一部分是由于人为差错造成的。由于事故的主要根源在于人为差错，而人为差错的产生则是由人的不可靠性引起的。因此人的可靠性管理在系统工程可靠性中起着重要的作用。

以往对人员可靠性的管理基本上是立足于技术方面的，但是仅从技术手段是不可能从根本上解决问题的。因此，中南工学院的张力和邓志良将可靠性技术手段与组织管理手段相结合，构成人员可靠性综合管理系统（图2.1）。

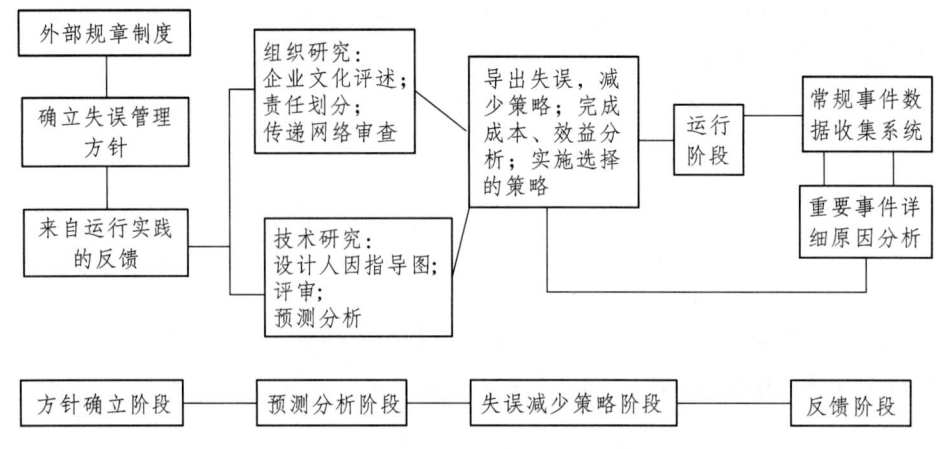

图 2.1 人员可靠性综合管理系统

人员可靠性综合管理系统将组织行为学、管理心理学与可靠性技术手段相结合，力图对人误问题提供广泛和完善的管理模式。这个系统的精髓是人的社会属性和精神属性，强调组织管理对减少失误、提高系统可靠性的贡献。它的有效使用需要全企业从上到下的通力合作，包括体制方面的支持。

二、事故致因理论

（一）事故致因理论的发展过程

20世纪初，世界工业生产已经初具规模，蒸汽动力和电动机械取代了作坊中的手工器具。由于当时的机器都没有安全防护装置，对工人不进行培训，日工作时间长达13 h，伤亡事故频繁发生。1909年美国工业死亡事故高达3万起，百万工时死亡率有的工厂竟多达150～200人。美国宾夕法尼亚钢铁公司，1901—1904年2 200名职工中竟有1 600人在事故中受到伤害。面对工人生命受到严重威胁，企业主态度消极，第一个单因素理论"事故频发倾向论"应运而生，即认为工人性格特征是事故频繁发生的唯一因素，这集中地反映了企业主的错误观念。

1919 年格林伍德（Greenwood）和 1926 年纽博尔德（M. Newbold）认为，事故在人群中并非随机地分布，某些人比其他人更易发生事故。因此，就用某种方法将有事故倾向的工人与其他人区别开来，并依此作为解雇工人的依据。这种理论的缺点是过分夸大了人的性格特点在事故中的作用。

1936 年，海因里希（Heinrieh）提出了应用多米诺骨牌原理研究工人受伤害导致事故的 5 个顺序过程，即"伤亡事故顺序五因素"。

1939 年，法默（FaITller）和钱伯（Chamber）提出，一个有事故倾向的人具有较高的事故率，而与工作任务、生活环境和经历等无关，意为一切事故责任均归咎于个人性格。

1951 年，阿布斯和克利克的研究指出，个别人的事故率具有明显的不稳定性，对具有事故倾向的个性类型的量度界限难于测定。广泛的批评使这一单因素（具有事故倾向的素质论）理论被排除在事故致因理论中的地位。

1971 年，邵合赛克尔主张这一观点仅供工种考选参考，他着意于多发事故，丝毫无意涉及人的个性参数。第二个单因素理论被称为心理动力理论，它来源于佛儒德（Fulyd）的个性动力理论，认为工人受刺激是导致工人受伤害事故的原因。这种理论也是荒谬的，它也无法证实某个特定的动机会引起某个特定的事故。这里之所以提一下这个观点，是因为它与事故倾向论者相反，不认为个别人的品德缺陷是固有的和稳定的，认为无意识的动机是可以改变的。此理论可推论为，一个人可能属于具有事故倾向组，通过教育或培训可降低其事故率，而不必将他们从工作中排出。

20 世纪 60 年代初期，由于火箭技术发展的需要，西方各国着手开发安全系统工程。美国在 1962 年 4 月公开发表了"空军弹道导弹系统安全工程"的说明书，同年 9 月拟定了"武器系统安全标准"。

1961 年由吉布森（Gibson）提出的，并在 1966 年由哈顿（Haddon）引申的"能量转移理论"，阐述了伤亡事故与能量及其转移于人体的模型。

1965 年，科罗敦（Kolodner）在安全性定量化的论文中介绍了故障树分析（FTA）。这一系统安全分析方法，实质上也是基本源于事件链理论。

1970 年，帝内逊（Driessen）明确地将事件链理论发展为分支事件过程逻辑理论。FTA 等树枝图形，实际上是分支事件过程的解析。

1972 年，威格尔斯沃思（Wigglesworth）提出了以人的失误为主因的事故模型。

1972 年，贝纳（Benner）提出了解释事故致因的综合概念和术语，同时把分支事件链和事故过程链结合起来，并用逻辑图加以显示，进而提出"多重线性事件过程图解法"。

1974 年，劳伦斯（Lawrence）根据贝纳和威格尔斯沃思的事故理论，提出了"扰动"促成事故的理论，即 P 理论（Perturbation Occurs），此后又提出了能适用于复杂的自然条件、连续作业情况下的矿山以人失误为主因的事故模型，并在南非金矿进行了试点。

1975 年，约翰逊（Johnson）研究了管理失误和危险树（MORT），这是一种系统安全逻辑树图的新方法，也是一种全面理解事故现象的图表模型。

1980 年，泰勒斯（Talanch）在《安全测定》一书中介绍了变化论模型；1981 年佐藤吉信依 MORT 又引申出从变化的观点说明"事故是一个连续过程"的理论。

1983 年，瑞典工作环境基金会（WEF）对 1969 年瑟利（Surry）提出的人行为系统模型提出了一个修改的版本，即 WEF 模型。

1991年，安德森（Andersson）提出了瑟利修改系列模型，认为事故的发生并非一个"事件"，而且是一个过程，可作为一个系列进行分析。

1992年，瓦格纳（Wagenaar）提出防止人失误的促导安全行为的6种方法；依此，1998年Jop.Groeneweg提出了对人失误加强管理的事故因果模型。

1998年，R.Lehto和M.Miller提出事故序列四阶段的安全信息及其制作。

1998年，Abdul.Raouf将事故致因理论归纳为几个事故原因学说，以下介绍几个有影响的事故因果关系理论。

（1）多米诺学说根据海因里希（W.H.Heinrieh）1931年发明的一个多米诺骨牌原理，认为"88%的事故是由于人们的不安全操作所引起，10%的事故是由于不安全行为引起，2%是天灾造成的"。它提出一个"五因素事故序列"，已于前述。

（2）多因素学说认为，一起事故的发生可能有多个影响因素，即主要原因和附属原因，以及某些原因集合在一起而引起事故。根据这一学说，众多影响因素可归纳为两类：一是行为的影响因素，如安全知识缺欠、技术不佳、劳动姿势不合适，以及工人身心状态不适宜；二是环境因素，这类影响因素指生产劳动的环境不良、有害因素多、设备工具安全质量下降、缺乏安全装备。这一学说的贡献是批判了事故是由单一因素引起的，批判了"工人事故倾向论"等有偏见的倾向学说。

（3）能量转移学说认为，事故的发生都有一个危害的发生源，并与能量转换有密切关系，如高处坠落是势能转换为动能、电烧伤为电能转换为热能且转移于人体等。

（4）征象与原因学说认为，不安全条件和人的不安全操作都是征象，是近似的显而易见的表面的直接原因，而不是造成事故的根本原因。间接原因往往是基本的本质原因，如社会环境、管理失误等。事故调查不应停留在表面征兆和现象，应追究造成直接原因的本质原因。

近十几年来，许多学者都认为，事故的直接原因不外乎是人的不安全行为或人为失误和物的不安全状态或故障两大因素作用的结果。人与物两系列轨迹交叉理论被用来说明造成事故的直接原因。间接原因，即社会原因、管理原因等是导致事故发生的本质原因。

研究事故致因理论可以有助于查明事故原因、作出安全评价和预防事故决策、增长安全理论知识、积累安全信息、防止产业灾害的发生。

（二）事故频发倾向论

事故频发倾向论是阐述企业工人中存在着个别人容易发生事故的、稳定的、个人的内在倾向的一种理论。1919年，格林伍德和伍慈对许多工厂里伤害事故发生次数的资料按如下三种统计分布进行统计检验。

1. 泊松分布

当员工发生事故的概率不存在个体差异时，即不存在事故频发倾向者时，一定时间内事故发生次数服从泊松分布。在这种情况下，事故的发生是由于工厂里的生产条件、机械设备方面的问题及一些其他偶然因素引起的。

2. 偏倚分布

一些工人由于存在着精神或心理方面的问题，如果在生产操作过程中发生过一次事故，就会造成胆怯或神经过敏，当再继续操作时，就有重复发生第二次、第三次事故的倾向。造成这种统计分布的是人员中存在少数有精神或心理缺陷的人。

3. 非均等分布

当工厂中存在许多特别容易发生事故的人时，发生不同次数事故的人数服从非均等分布，即每个人发生事故的概率不相同。在这种情况下，事故的发生主要是由于人的因素引起的。为了检验事故频发倾向的稳定性，他们还计算了被调查工厂中同一个人在前三个月和后三个月里发生事故次数的相关系数，结果发现，工厂中存在着事故频发倾向者，并且前、后三个月事故次数的相关系数变化在 0.37 ± 0.12 到 0.72 ± 0.07 之间，皆为正相关。

1926 年，纽鲍尔德研究了大量工厂中事故发生次数分布，证明事故发生次数服从发生概率极小、且每个人发生事故概率不等的统计分布。他计算了一些工厂中前五个月和后五个月事故次数的相关系数，其结果为 $0.04\pm0.009\sim0.71\pm0.06$，这也充分证明了存在着事故频发倾向者。1939 年，法默和查姆勃明确提出了事故频发倾向的概念，认为事故频发倾向者的存在是工业事故发生的主要原因。

对于发生事故次数较多、可能是事故频发倾向者的人，可以通过一系列的心理学测试来判别。例如，日本曾采用内田-克雷贝林测验测试人员大脑工作状态曲线，采用 YG 测验测试工人的性格来判别事故频发倾向者。另外，也可以通过对日常工人行为的观察来发现事故频发倾向者。一般来说，具有事故频发倾向的人在进行生产操作时往往精神动摇，注意力不能经常集中在操作上，因而不能适应迅速变化的外界条件。

据国外文献介绍，事故频发倾向者往往有如下的性格特征：① 感情冲动，容易兴奋；② 脾气暴躁；③ 厌倦工作，没有耐心；④ 慌慌张张，不沉着；⑤ 动作生硬而工作效率低；⑥ 喜怒无常，感情多变；⑦ 理解能力低，判断和思考能力差；⑧ 极度喜悦和悲伤；⑨ 缺乏自制力；⑩ 处理问题轻率、冒失；⑪ 运动神经迟钝，动作不灵活。日本的丰原恒男发现容易冲动的人、不协调的人、不守规矩的人、缺乏同情心的人和心理不平衡的人发生事故次数较多。

（三）事故因果连锁论

在事故因果连锁论中，以事故为中心，事故的结果是伤害（伤亡事故的场合），事故的原因包括三个层次：直接原因、间接原因及基本原因。由于对事故各层次的原因认识不同，形成了不同的事故致因理论。因此，人们也经常用事故因果连锁来表达某种事故致因理论。

1. 海因里希事故因果连锁论

海因里希是最早提出事故因果连锁理论的，他用该理论阐明导致伤亡事故的各种因素之间，以及这些因素与伤害之间的关系。该理论的核心思想是：伤亡事故的发生不是一个孤立的事件，而是一系列原因事件相继发生的结果，即伤害与各原因相互之间具有连锁关系。

海因里希把工业伤害事故的发生、发展过程描述为具有一定因果关系的事件的连锁发生过程：

（1）人员伤亡的发生是事故的结果。

（2）事故的发生是由于人的不安全行为或物的不安全状态。

（3）人的不安全行为或物的不安全状态是由于人的缺点造成的。

（4）人的缺点是由于不良环境诱发的，或者是先天的遗传因素造成的。

海因里希提出的事故因果连锁过程包括如下五种因素：

第一，遗传及社会环境（M）。遗传及社会环境是造成人的缺点的原因。遗传因素可能使人具有鲁莽、固执、粗心等对于安全来说属于不良的性格；社会环境可能妨碍人的安全素质培养，助长不良性格的发展。这种因素是因果链上最基本的因素。

第二，人的缺点（P）。即由于遗传和社会环境因素所造成的人的缺点。人的缺点是使人产生不安全行为或造成物的不安全状态的原因。这些缺点既包括诸如鲁莽、固执、易过激、神经质、轻率等性格上的先天缺陷，也包括诸如缺乏安全生产知识和技能等的后天不足。

第三，人的不安全行为或物的不安全状态（H）。这二者是造成事故的直接原因。海因里希认为，人的不安全行为是由于人的缺点而产生的，是造成事故的主要原因。

第四，事故（D）。事故是一种由于物体、物质或放射线等对人体发生作用，使人员受到或可能受到伤害的、出乎意料的、失去控制的事件。

第五，伤害（A）。即直接由事故产生的人身伤害。上述事故因果连锁关系，可以用5块多米诺骨牌来形象地加以描述（见图2.2）。如果第一块骨牌倒下（即第一个原因出现），则发生连锁反应，后面的骨牌相继被碰倒（相继发生）。

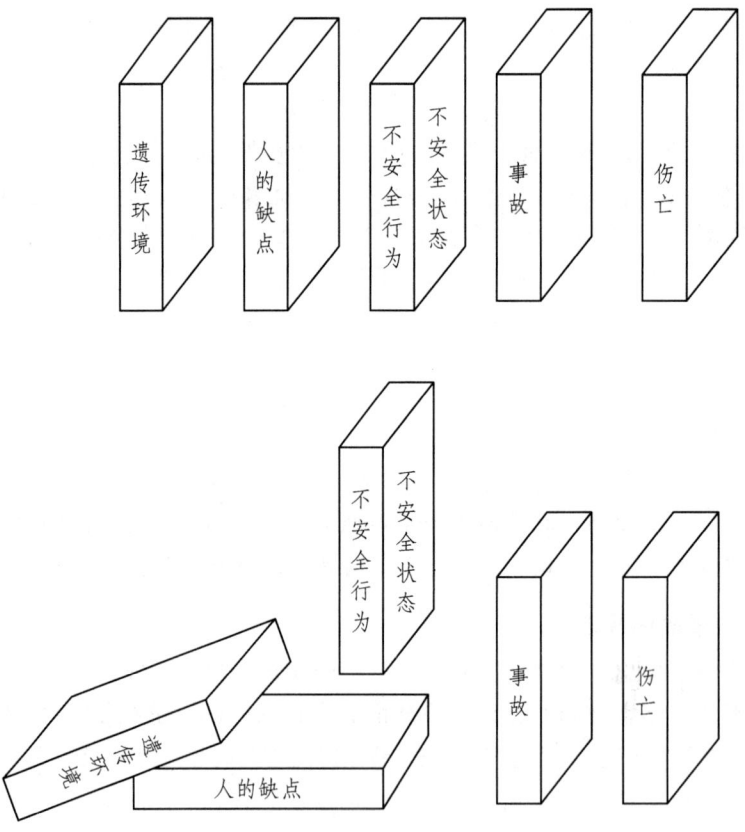

图2.2　海因里希事故因果连锁

该理论积极的意义就在于，如果移去因果连锁中的任一一块骨牌，则连锁被破坏，事故过程被中止。海因里希认为，企业安全工作的中心就是要移去中间的骨牌——防止人的不安全行为或消除物的不安全状态,从而中断事故连锁的进程,避免伤害的发生。

海因里希的理论有明显的不足,如它对事故致因连锁关系的描述过于绝对化、简单化。事实上,各个骨牌(因素)之间的连锁关系是复杂的、随机的。前面的牌倒下,后面的牌可能倒下,也可能不倒下。事故并不是全都造成伤害,不安全行为或不安全状态也并不是必然造成事故等。尽管如此,海因里希的事故因果连锁理论促进了事故致因理论的发展,成为事故研究科学化的先导,具有重要的历史地位。

2. 轨迹交叉论

轨迹交叉论是一种从事故的直接和间接原因出发研究事故致因的理论。其基本思想是伤害事故是许多相互关联的事件顺序发展的结果,这些事件可分为人和物(包括环境)两个发展系列。当人的不安全行为和物的不安全状态在各自发展过程中,在一定时间、空间发生了接触,使能量逆流于人体时,伤害事故就会发生。而人的不安全行为和物的不安全状态之所以产生和发展,又是受多种因素作用的结果。

事故经过轨迹交叉论是强调人的不安全行为和物的不安全状态相互作用的事故致因理论。在系统中人的不安全行为是一种人为失误,物的不安全状态多为机械故障和物的不安全放置,人与物两系统一旦发生时间和空间上的轨迹交叉就会造成事故。轨迹交叉论的事故模型如图2.3所示。

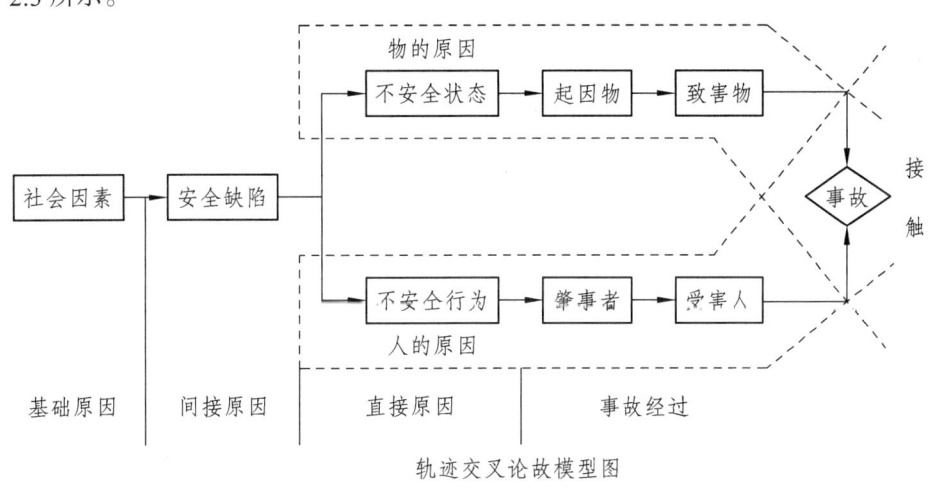

图 2.3 轨迹交叉论模型图

由图 2.3 可以看出轨迹交叉理论是指人的运动轨迹与物的运动轨迹发生意外交叉。即人的不安全因素和物的不安全状态发生在同一时间、同一空间,或者说相遇时,则将在此时间和空间发生事故。

在实际工作中,应用轨迹交叉论预防事故,可以从三个方面考虑:

(1)防止人、物运动轨迹的时空交叉。按照轨迹交叉论的观点,防止和避免人和物的运动轨迹的交叉是避免事故发生的根本出路。例如,防止能量逸散、隔离、屏蔽,改变能量释放途径,脱离受害范围,保护受害者等防止能量转移的措施,同样是防止轨迹交叉的措施。另外,防止交叉还有另一层意思,就是防止时间交叉。例如,容器内有毒有害物质的清洗、冲压设备的安全装置等。人和物都在同一范围内,但占用空间的时间不同。例如,危险设备的联锁装置；电气维修或电气作业中切断电源、挂牌、上锁、工作票制度的执行；十字路口的车辆、行人指挥灯系统等。

（2）控制人的不安全行为。控制人的不安全行为的目的是切断轨迹交叉中行为的形成系列。人的不安全行为在事故形成的过程中占有主导位置，因为人是机械、设备、环境的设计者、创造者、使用者、维护者。人的行为受多方面影响，如作业时间紧迫程度、作业条件的优劣、个人生理心理素质、安全文化素质、家庭社会影响因素等。安全行为科学、安全人机学等对控制人的不安全行为都有较深入的研究。概括起来，主要有如下控制措施：

① 职业适应性选择。选择合格的职工以满足职业的要求，对防止不安全行为发生有重要作用。出于工作的类型不同，对职工的要求亦不同。如搬运工和中央控制室操作员。因此，在招工和职业聘用时应根据工作的特点、要求，选择适合该职业的人员，认真考虑其各方面的素质。特别是从事特种作业的职工的选择以及职业禁忌症的问题。避免因职工生理、心理素质的欠缺而造成工作失误。

② 创造良好的行为环境和工作环境。创造良好的行为环境，首先是良好的人际关系、积极向上的集体精神。融洽和谐的同事关系、上下级关系，能使工作集体具有凝聚力，职工工作才能心情舒畅、积极主动地配合；实行民主管理，职工参与管理，能调动其积极性、创造性；关心职工生活，解决实际困难。做好家属工作，可以促进良好的、安全的环境气氛、社会气氛。创造良好的工作环境，就是尽一切努力消除工作环境中的有害因素。使机械、设备、环境适合人的工作，也使人容易适应工作环境。使工作环境真正达到安全、舒适、卫生的要求，从而减少人失误的可能性。

③ 加强培训、教育，提高职工的安全素质，应包括三方面内容：文化素质、专业知识和技能、安全知识和技能。事故的发生与这两种素质密切相关。因此，企业安全管理除对职工的安全素质提高以外，还应注重文化知识的提高、专业知识技能的提高，密切注视文化层次低、专业技能差的人群。坚持一切行之有效的安全教育制度、形式和方法。如三级教育、全员教育、特殊工种教育等制度；利用影视、广播、图片宣传等形式；知识竞赛、无事故活动、事故处理坚持"四不放过"等方法。

④ 严格管理。建立健全管理组织、机构，按国家要求配备安全人员。完善管理制度，贯彻执行国家安全生产方针和各项法规、标准。制订、落实企业安全生产长期规划和年度计划。坚持第一把手负责，实行全面、全员、全过程的安全管理。使企业形成人人管安全的气氛，才能有效防止"三违"现象的发生。

（3）控制物的不安全状态。控制物的不安全状态的目的是切断轨迹交叉中物的形成系列。最根本的解决办法是创造本质安全条件，使系统在人发生失误的情况下，也不会发生事故。在条件允许的情况下，应尽量消除不安全因素，或采取防护措施，以削弱不安全状态的影响程度。这就要求在系统的设计、制造、使用等阶段，采取严格的措施，使危险被控制在允许的范围之内。

3. 管理失误论

在早期的事故因果连锁中，海因里希把遗传和社会环境看作事故的根本原因，表现出了它的时代局限性。尽管遗传因素和人员成长的社会环境对人员的行为有一定的影响，却不是影响人员行为的主要因素。在企业中，如果管理者能够充分发挥管理机能中的控制机能，则可以有效地控制人的不安全行为、物的不安全状态。

1）博德的事故因果连锁

博德在海因里希事故因果连锁的基础上，提出了反映现代安全观点的事故因果连锁。

（1）控制不足——管理。事故因果连锁中一个最重要的因素是安全管理。安全管理人员的工作要以得到广泛承认的企业管理原则为基础。即安全管理者应该懂得管理的基本理论和原则。控制是管理机能（计划、组织、指导协调及控制）中的一种机能。安全管理中的控制是指损失控制，包括对人的不安全行为、物的不安全状态的控制，它是安全管理工作的核心。

大多数正在生产的工业企业中，由于各种原因，完全依靠工程技术上的改进来预防事故既不经济也不现实。只有通过专门的安全管理工作，经过较长时间的努力，才能防止事故的发生。管理者必须认识到，只要生产没有实现高度安全化，就有发生事故及伤害的可能性，因而他们的安全活动中必须包含有针对事故连锁中所有要因的控制对策。

在安全管理中，企业领导者的安全方针、政策及决策占有十分重要的位置。它包括生产及安全的目标，职员的配备，资料的利用，责任及职权范围的划分，职工的选择、训练、安排、指导及监督，信息传递，设备、器材及装置的采购、维修及设计，正常时及异常时的操作规程，设备的维修保养等。

管理系统是随着生产的发展而不断变化、完善的，十全十美的管理系统并不存在。由于管理上的缺欠，使得能够导致事故的基本原因出现。

（2）基本原因——起源论。为了从根本上预防事故，必须查明事故的基本原因，并针对查明的基本原因采取对策。基本原因包括个人原因及与工作有关的原因。个人原因包括缺乏知识或技能、动机不正确、身体上或精神上的问题。工作方面的原因包括操作规程不合适，设备、材料不合格，通常的磨损及异常的使用方法等，以及温度、压力、湿度、粉尘、有毒有害气体、蒸汽、通风、噪声、照明、周围的状况（容易滑倒的地面、障碍物、不可靠的支持物、有危险的物体）等环境因素。只有找出这些基本原因才能有效地控制事故的发生。

所谓起源论，是在于找出问题的基本的、背后的原因，而不仅停留在表面的现象上。只有这样，才能实现有效的控制。

（3）直接原因——征兆。不安全行为或不安全状态是事故的直接原因，这一直是最重要的、必须加以追究的原因。但是，直接原因不过是深层原因的征兆，是一种表面的现象。在实际工作中，如果只抓住了作为表面现象的直接原因而不追究其背后隐藏的深层原因，就永远不能从根本上杜绝事故的发生。另一方面，安全管理人员应该能够预测及发现这些作为管理缺欠的征兆的直接原因，采取适当的改善措施；同时，为了在经济上及实际可能的情况下采取长期的控制对策，必须努力找出其基本原因。

（4）事故——接触。从实用的目的出发，往往把事故定义为最终导致人员肉体损伤、死亡，财物损失，不希望的事件。但是，越来越多的安全专业人员从能量的观点把事故看做是人的身体或构筑物、设备与超过其阈值的能量的接触，或人体与妨碍正常生理活动的物质的接触。于是，防止事故就是防止接触。为了防止接触，可以通过改进装置、材料及设施防止能量释放，通过训练工人提高识别危险的能力、佩戴个人保护用品等来实现。

（5）伤害——损坏/损失。博德的模型中的伤害，包括了工伤、职业病，以及对人员精神方面、神经方面或全身性的不利影响。人员伤害及财物损坏统称为损失。

在许多情况下，可以采取恰当的措施使事故造成的损失最大限度地减少。例如，对受伤人员的迅速抢救、对设备进行抢修以及平日对人员进行应急训练等。

2）亚当斯的事故因果

爱德华·亚当斯（Edward Adams）提出了与博德的事故因果连锁论类似的事故因果连锁模型。在该因果连锁理论中，第四、五个因素基本上与博德的理论相似。这里把事故的直接原因——人的不安全行为及物的不安全状态称作现场失误。本来，不安全行为和不安全状态是操作者在生产过程中的错误行为及生产条件方面的问题，采用现场失误这一术语，其主要目的在于提醒人们注意不安全行为及不安全状态的性质。

该理论的核心在于对现场失误的背后原因进行了深入的研究。操作者的不安全行为及生产作业中的不安全状态等现场失误，是由于企业领导者及事故预防工作人员的管理失误造成的。管理人员在管理工作中的差错或疏忽、企业领导人决策错误或没有作出决策等失误，对企业经营管理及事故预防工作具有决定性的影响。管理失误反映企业管理系统中的问题，它涉及管理体制，即有组织地进行管理工作，确定怎样的管理目标，如何计划、实现确定的目标等方面的问题。管理体制反映作为决策中心的领导人的信念、目标及规范，它决定各级管理人员安排工作的轻重缓急、工作基准及指导方针等重大问题。

4. 北川彻三事故因果连锁

前几种事故因果连锁理论（海因里希因果连锁论、博德事故因果连锁理论、亚当斯的事故因果连锁）把考察的范围局限在企业内部。日本的北川彻三认为，工业伤害事故发生的原因是很复杂的，企业是社会的一部分，一个国家、一个地区的政治、经济、文化、科技发展水平等诸多社会因素，对企业内部伤害事故的发生和预防有着重要的影响。

日本人北川彻三正是基于这种考虑，对海因里希的理论进行了一定的修正，提出了另一种事故因果连锁理论。

北川彻三事故因果连锁理论认为：事故的间接原因包括技术、教育、身体、精神上的原因。技术原因指机械、装置、设施的设计、建造、维护有缺陷；教育原因指因教育培训不充分而导致人员缺乏安全知识及操作经验；身体原因指人员的身体状况不佳；精神原因指人员的不良态度、不良性格、不稳定情绪。

而事故的根本原因是管理、学校教育、社会和历史的原因。管理原因指领导者不重视，作业标准不明，制度有缺陷，人员安排不当；学校教育原因指教育机构的教育不充分；社会和历史的原因指安全观念落后，法规不全，监管不力。

在北川彻三的因果连锁理论中，基本原因中的各个因素已经超出了企业安全工作的范围。但是，充分认识这些基本原因因素，对综合利用可能的科学技术、管理手段来改善间接原因因素，达到预防伤害事故发生的目的，是十分重要的。

（四）能量意外释放论

事故是一种不正常的或不希望的能量释放，各种形式的能量是构成伤害的直接原因。因此，应该通过控制能量或控制作为能量及人体媒介的能量载体来预防伤害事故。

"人受伤害的原因只能是某种能量的转移"，按照能量逆流于人体造成的伤害，将伤害分为两类：第一类伤害是由于施加了局部或全身性损伤阈值的能量引起的；第二类伤害是由影响了局部或全身性能量交换引起的,主要指中毒窒息和冻伤。

在一定条件下,某种形式的能量能否产生造成人员伤亡事故的伤害取决于能量大小、接触能量时间长短和频率以及力的集中程度。根据能量意外释放论,可以利用各种屏蔽来防止意外的能量转移,从而防止事故的发生。

能量意外释放论的事故致因和表现有以下 2 种。

1. 能量归因

能量在人类的生产、生活中是不可缺少的,人类利用各种形式的能量做功以实现预定的目的。生产、生活中利用能量的例子随处可见,如机械设备在能量的驱动下运转,把原料加工成产品;热能把水煮沸等。人类在利用能量实现目的的过程中,必须采取措施控制能量,使能量按照人们的意图产生、转换和做功。从能量在系统中流动的角度,应该控制能量按照人们规定的能量流通渠道流动。如果由于某种原因失去了对能量的控制,超越了人们设置的约束或限制,就会发生能量违背人意愿的意外释放或逸出,使进行中的活动中止而发生事故。如果失去控制而意外释放的能量作用于人体,并且能量的作用超过人体的承受能力,则将造成人员伤害;如果意外释放的能量作用于设备、建筑物、物体等,并且能量的作用超过它们的抵抗能力,则将造成设备、建筑物、物体的损坏。

2. 能量转移造成事故的表现

生产、生活活动中经常遇到各种形式的能量,如机械能、电能、热能、化学能、电离及非电离辐射、声能、生物能等,它们的意外释放都可能造成伤害或损坏。其中前几种形式的能量引起的伤害最为常见。

1) 机械能

意外释放的机械能是导致事故时人员伤害或财物损坏的主要能量类型。

机械能包括势能和动能。位于高处的人体、物体、岩体或结构的一部分相对于低处的基准面有较高的势能。当人体具有的势能意外释放时,发生坠落或跌落事故;当物体具有的势能意外释放时,物体自高处落下可能发生物体打击事故;岩体或结构的一部分具有的势能意外释放时,发生冒顶、片帮、坍塌等事故。运动着的物体都具有动能,如各种运动中的车辆、设备或机械的运动部件、被抛掷的物料等。它们具有的动能意外释放并作用于人体,则可能发生车辆伤害、机械伤害、物体打击等事故。

2) 电能

现代化工业生产中广泛利用电能,如果电能意外释放就会造成各种电气事故。意外释放的电能可能使电气设备的金属外壳等导体带电而发生所谓的"漏电"现象。当人体与带电体接触时会发生触电事故而受到伤害,电火花会引燃易燃易爆物质而发生火灾、爆炸事故,强烈的电弧可能灼伤人体等。

3) 热能

在人类的生产、生活中到处都在利用热能,利用热能的历史甚至可以追溯到远古时代。失去控制的热能可能灼烫人体、损坏财物、引起火灾。火灾是热能意外释放造成的最典型的事故。值得注意的是,电能、机械能或化学能与热能之间可以相互转化,所以,在利用机械能、电能、化学能等其他形式的能量时也可能产生热能的意外释放而造成伤害。

4）化学能

有毒有害的化学物质使人员中毒，是化学能引起的典型伤害事故。在众多的化学物质中，相当多的物质具有的化学能会导致人员急性、慢性中毒，致病、致畸、致癌。火灾中化学能转变为热能，爆炸中化学能转变为机械能和热能。

5）电离及非电离辐射

电离辐射主要指射线、归射线和中子射线等，它们会造成人体急性、慢性损伤。非电离辐射主要为激光、微波、紫外线、红外线和宇宙射线等射线辐射。工业生产中常见的电焊、熔炉等高温热源放出的紫外线、红外线等有害辐射会伤害人的视觉器官。

另外，人体自身也是个能量系统。人的新陈代谢过程是个吸收、转换、消耗能量，与外界进行能量交换的过程；人进行生产、生活活动时消耗能量，当人体与外界的能量交换受到干扰时，即人体不能进行正常的新陈代谢时，人员将受到伤害，甚至死亡。正如麦克法兰特（McFarland）在解释事故造成的人身伤害或财物损坏的机理时说，"所有的伤害事故（或损坏事故）都是因为：① 接触了超过机体组织或结构抵抗力的某种形式的过量能量。② 有机体与周围环境的正常能量交换受到了干扰（如窒息、淹溺等）。"因而，各种形式的能量是构成伤害的直接原因。同时，也常常通过控制能源或控制人体媒介的能量载体来预防伤害事故。

（五）系统理论

系统理论把人、机和环境作为一个系统（整体）研究人、机、环境之间的相互作用、反馈和调整，从中发现事故的致因，揭示出预防事故的途径。

系统理论着眼于下列问题的研究，即机械的运行情况和环境的状况如何，是否正常；人的特性（生理、心理、知识技能）如何，是否正常；人对系统中危险信号的感知、认识理解和行为响应如何；机械的特性与人的特性是否相匹配；人的行为响应时间与系统允许的响应时间是否相容等。在这些问题中，系统理论特别关注对人的特性的研究，这包括：人对机械和环境状态变化信息的感觉和察觉怎样、对这些信息的认识怎样、对其理解怎样、采取适当响应行动的知识怎样、面临行动的速度和准确性怎样等。

系统理论认为事故的发生是来自人的行为与机械特性间的不协调，是多种因素互相作用的结果。

系统理论有多种事故致因模型，它们的形式虽然不同，然而涉及的内容大体相同。其中瑟利模型和安德森模型较具代表性。

1. 瑟利模型

瑟利模型是在1969年由美国人瑟利（J. Surry）提出的，是一个典型的根据人的认知过程分析事故致因的理论。该模型把事故的发生过程分为危险出现和危险释放两个阶段，这两个阶段各自包括一组类似人的信息处理过程，即感觉、认识和行为响应。在危险出现阶段，如果人的信息处理的每个环节都正确，危险就能被消除或得到控制；反之，就会使操作者直接面临危险。在危险释放阶段，如果人的信息处理过程的各个环节都是正确的，则虽然面临着已经显现出来的危险，但仍然可以避免危险释放出来，不会带来伤害或损害；反之，危险就会转化成伤害或损害。瑟利模型如图2.4所示。

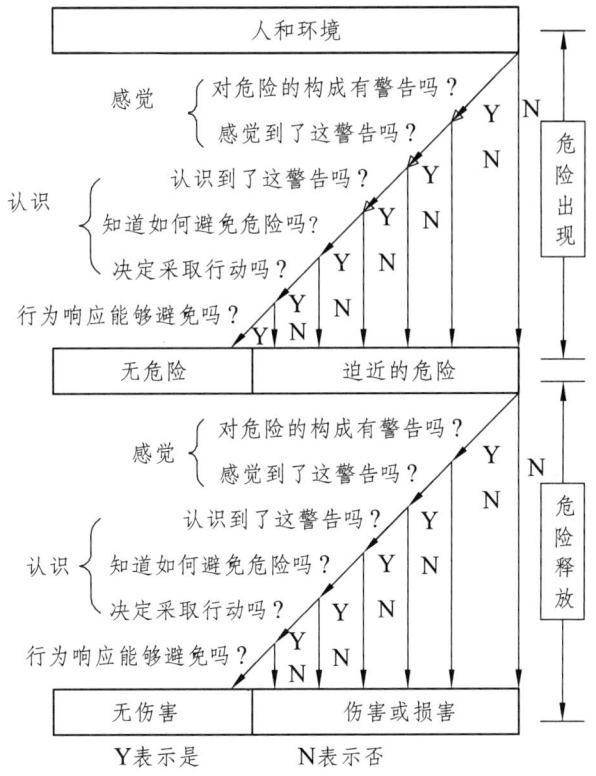

图 2.4 瑟利模型

由图 2.4 可以看出,两个阶段具有相类似的信息处理过程,即 3 个部分,6 个问题则分别是对这 3 个部分的进一步阐述,这 6 个问题分别叙述如下:

1) 危险的出现(或释放)有警告吗?

这里警告的意思是指工作环境中对安全状态与危险状态之间的差异的指示。任何危险的出现或释放都伴随着某种变化,只是有些变化易于察觉,有些则不然。而只有使人感觉到这种变化或差异,才有避免或控制事故的可能。

2) 感觉到这个警告吗?

这包括两个方面:一是人的感觉能力问题,包括操作者本身感觉能力,如视力、听力等较差,或过度集中注意力于工作或其他方面;二是工作环境对人的感觉能力的影响问题。

3) 认识到了这个警告吗?

这主要是指操作者在感觉到警告信息之后,是否正确理解了该警告所包含的意义,进而较为准确地判断出危险可能产生的后果及其发生的可能性。

4) 知道如何避免危险吗?

主要指操作者是否具备为避免危险或控制危险,做出正确的行为响应所需要的知识和技能。

5) 决定要采取行动吗?

无论是危险的出现或释放,其是否会对人或系统造成伤害或破坏是不确定的。而且在某些情况下,采取行动固然可以消除危险,却要付出相当大的代价。特别是对于冶金、化工等企业中连续运转的系统更是如此。究竟是否采取立即的行动,应主要考虑两个方面的问题:一是该危险立即造成损失的可能性;二是现有的措施和条件控制该危险的可能性,包括操作者本人避免和控制危险的技能。当然,这种决策也与经济效益、工作效率紧密相关。

6) 能够避免危险吗?

在操作者决定采取行动的情况下,能否避免危险则取决于人采取行动的迅速、正确、敏捷与否和是否有足够的时间等其他条件使人能做出行为响应。

上述 6 个问题中,前两个问题都是与人对信息的感觉有关的,第 3~5 个问题是与人的认识有关的,最后一个问题与人的行为响应有关。这 6 个问题涵盖了人的信息处理全过程,并且反映了在此过程中有很多发生失误进而导致事故的机会。

2. 安德森模型

瑟利模型实际上研究的是在客观已经存在潜在危险(存在于机械的运行和环境中)的情况下,人与危险之间的相互关系、反馈和调整控制的问题。然而,瑟利模型没有探究何以会产生潜在危险,没有涉及机械及其周围环境的运行过程。安德森等人曾在分析 60 件工业事故中应用瑟利模型,发现了上述问题,从而对它进行了扩展,形成了安德森模型。该模型是在瑟利模型之上增加了一组问题,所涉及的是:危险线索的来源及可察觉性,运行系统内的波动(机械运行过程及环境状况的不稳定性),以及控制或减少这些波动使之与人(操作者)的行为的波动相一致。

安德森模型对工作过程提出的 8 个问题分别叙述如下:

1) 过程是可控制的吗?

即不可控制的过程(如闪电)所带来的危险无法避免,此模型所讨论的是可以控制的工作过程。

2) 过程是可以观察的吗?

指的是依靠人的感官或借助于仪表设备能否观察了解工作过程。

3) 察觉是可能的吗?

指的是工作环境中的噪声、照明不良、栅栏等是否会妨碍对工作过程的观察了解。

4) 对信息的理智处理可能吗?

此问题有两方面的含义:一是问操作者是否知道系统是怎样工作的,如果系统工作不正常,他是否能感觉、认识到这种情况;二是问系统运行给操作者带来的疲劳、精神压力(如长期处于高度精神紧张状态)以及注意力减弱是否会妨碍其对系统工作状况的准确观察和了解。

上述问题的含义与瑟利模型第一阶段问题的含义有类似的地方,所不同的是,安德森模型是针对整个系统,而瑟利模型仅仅是针对具体的危险线索。

5) 系统产生行为波动吗?

问的是操作者的行为响应的不稳定性如何,有无不稳定性?有多大?

6) 运行系统对行为的波动给出了足够的时间和空间吗?

问的是运行系统(机械、环境)是否有足够的时间和空间以适应操作者行为的不稳定性。如果是,则可以认为运行系统是安全的,否则就转入下一个问题。

7) 能否对系统进行修改(机器或程序)?

以适应操作者行为在预期范围内的不稳定性。

8) 属于人的决策范围吗?

指修改系统是否可以由操作和管理人员作出决定。尽管系统可以被改为安全的,但如果操作和管理人员无权改动，或者涉及政策法律，不属于人的决策范围，那么修改系统也不可能。

对模型的每个问题，如果回答肯定，则能保证系统案例可靠；如果对问题 1~4、7~8 做出否定回答，则会导致系统产生潜在的危险，从而转入瑟利模型。对问题 5 如果回答否定，则跨过问题 6、7 而直接回答问题 8。对问题 6 如果回答否定，则要进一步回答问题 7，才能继续系统的发展。

（六）两类危险源理论

随着科学技术的不断进步，设备、工艺及产品越来越复杂。各种大规模复杂系统相继问世，这些复杂的系统往往由非常复杂的关系相连接，人们在研制、开发、使用及维护这些大规模复杂系统的过程中，逐渐萌发了系统安全的基本思想。在系统安全研究中，认为危险源的存在是事故发生的根本原因，防止事故就是消除、控制系统中的危险源。

危险源一词译自英文单词的 Hazard，按英文词典的解释，"Hazardasourceofdanger"，即危险根源的意思。哈默（WillieHammer）定义危险源为可能导致人员伤害或财物损失事故的，潜在的不安全因素。按此定义，生产、生活中的许多不安全因素都是危险源。

实际上，事故因素即不安全因素，种类繁多、非常复杂，它们在导致事故发生、造成人员伤害和财物损失方面所起的作用很不相同，它们的识别、控制方法也很不相同。根据危险源在事故发生、发展中的作用，把危险源划分为两大类，即第一类危险源和第二类危险源。

1. 第一类危险源

根据能量意外释放论，事故是能量或危险物质的意外释放，作用于人体的过量的能量或干扰人体与外界能量交换的危险物质是造成人员伤害的直接原因。于是，把系统中存在的、可能发生意外释放的能量或危险物质称作第一类危险源。

一般地，能量被解释为物体做功的本领。做功的本领是无形的，只有在做功时才显现出来。因此，实际工作中往往把产生能量的能量源或拥有能量的能量载体作为第一类危险源来处理。例如，带电的导体、奔驰的车辆等。

可以列举常见的第一类危险源如下：

（1）产生、供给能量的装置、设备。
（2）使人体或物体具有较高势能的装置、设备、场所。
（3）能量载体。
（4）一旦失控可能产生巨大能量的装置、设备、场所，如强烈放热反应的化工装置等。
（5）一旦失控可能发生能量蓄积或突然释放的装置、设备、场所，如各种压力容器等。
（6）危险物质，如各种有毒、有害、可燃烧爆炸的物质等。
（7）生产、加工、储存危险物质的装置、设备、场所。
（8）人体一旦与之接触将导致人体能量意外释放的物体。

第一类危险源具有的能量越多，一旦发生事故其后果越严重。相反，第一类危险源处于低能量状态时比较安全。同样，第一类危险源包含的危险物质的量越多，干扰人的新陈代谢越严重，其危险性越大。

2. 第二类危险源

在生产、生活中，为了利用能量，让能量按照人们的意图在系统中流动、转换和做功，必须采取措施约束、限制能量，即必须控制危险源。约束、限制能量的屏蔽应该可靠地控制能量，防止能量意外释放。实际上，绝对可靠的控制措施并不存在，在许多因素的复杂作用下，约束、限制能量的控制措施可能失效，能量屏蔽可能被破坏而发生事故。导致约束、限制能量措施失效或破坏的各种不安全因素称作第二类危险源。

如前所述，札别塔基斯认为人的不安全行为和物的不安全状态是造成能量或危险物质意外释放的直接原因。从系统安全的观点来考察，使能量或危险物质的约束、限制措施失效、破坏的原因因素，即第二类危险源，包括人、物、环境三个方面的问题。

在系统安全中涉及人的因素问题时，采用术语"人失误"。人失误是指人的行为的结果偏离了预定的标准，人的不安全行为可被看作是人失误的特例。人失误可能直接破坏对第一类危险源的控制，造成能量或危险物质的意外释放。例如，合错了开关使检修中的线路带电、误开阀门使有害气体泄漏等。失误也可能造成物的故障，物的故障进而导致事故。例如，超载起吊重物造成钢丝绳断裂，发生重物坠落事故。

物的因素问题可以概括为物的故障。故障是指由于性能低下不能实现预定功能的现象，物的不安全状态也可以看作是一种故障状态。物的故障可能直接使约束、限制能量或危险物质的措施失效而发生事故。例如，电线绝缘损坏发生漏电、管路破裂使其中的有毒有害介质泄漏等。有时一种物的故障可能导致另一种物的故障，最终造成能量或危险物质的意外释放。例如，压力容器的泄压装置故障，使容器内部介质压力上升，最终导致容器破裂。物的故障有时会诱发人失误，人失误会造成物的故障，实际情况比较复杂。

环境因素主要指系统运行的环境，包括温度、湿度、照明、粉尘、通风换气、噪声和振动等物理环境，以及企业和社会的软环境。不良的物理环境会引起物的故障或人失误。例如，潮湿的环境会加速金属腐蚀而降低结构或容器的强度；工作场所强烈的噪声影响人的情绪，分散人的注意力而发生人失误。企业的管理制度、人际关系或社会环境影响人的心理，可能引起人失误。

第二类危险源往往是一些围绕第一类危险源随机发生的现象，它们出现的情况决定事故发生的可能性。第二类危险源出现得越频繁，发生事故的可能性越大。

三、事故预防理论

（一）事故预防的原则

事故有其固有规律，除了人类无法左右的自然因素造成的事故（如地震、洪水、泥石流等）以外，在人类生产和生活中所发生的各种事故都可以预防。

事故的预防工作应该从技术和管理两个方面考虑，应当遵循的基本原则是：

1. 技术原则

在生产过程中，客观上存在的隐患是事故发生的前提。因此，要预防事故的发生，就需要针对隐患采取有效的技术措施进行治理。在采取有效技术措施进行治理过程中，应当遵循的基本原则是：

（1）消除潜在危险原则。即从本质上消除事故隐患。其基本做法是：以新的系统、新的技术和工艺代替旧的不安全的系统和工艺，从根本上消除发生事故的可能性。例如，用不可燃材料代替可燃材料，改进机器设备，消除人体操作对象和作业环境的危险因素，消除噪声、尘毒对工人的影响等，从而最大可能地保证生产过程的安全。

（2）降低潜在危险严重度的原则。即在无法彻底消除危险的情况下，最大限度地限制和减少危险程度。例如，手电钻工具采用双层绝缘措施，利用变压器降低回路电压，在高压容器中安装安全阀等。

（3）闭锁原则。在系统中通过一些元器件的机器联锁或机电、电气互锁作为保证安全的条件。例如，冲压机械的安全互锁器，电路中的自动保护器等。

（4）能量屏蔽原则。在人、物与危险源之间设置屏蔽，防止意外能量作用到人体和物体上，以保证人和设备的安全。例如，建筑高空作业的安全网、核反应堆的安全壳等都应起到保护作用。

（5）距离保护原则。当危险和有害因素的伤害作用随着距离的增加而减弱时，应尽量使人与危害源离远一些。例如，化工厂建立在远离居民区、爆破师的危险距离控制等。

（6）个体保护原则。根据不同作业性质和条件，配备相应的保护用品及用具，以保护作业人员的安全和健康。例如，采取安全带、护目镜、绝缘手套等保护用品及用具。

（7）警告、禁止信息原则。用光、声、色、等其他标志作为传递组织和技术信息的目标，以保证安全。例如，警灯、警报器、安全标志、宣传画等。

此外，还有时间保护原则、薄弱环节原则、坚固性原则、代替作业人员原则等，可以根据需要，确定采取相关的预防事故的技术原则。

2. 组织管理原则

预防事故的发生，不仅要遵循上述的技术原则，而且还要在组织管理上采取相关的措施，才能最大限度地减少事故发生的可能性。

（1）系统整体性原则。安全工作是一项系统性、整体性的工作，它涉及企业生产过程中的各个方面。安全工作的整体性要体现出：有明确的工作目标，综合地考虑问题的原因，动态地认识安全状况，而且落实措施要有主次，要有效地抓住各个环节，并且能够适应变化的要求。

（2）计划性原则安全工作要有计划和规划，近期的目标和长远的目标要协调进行。工作方案、人、财、物的使用要按照规划进行，并且有最终的评价，形成闭环的管理模式。

（3）效果性原则。安全工作的好坏，要通过最终成果的指标来衡量。但是，由于安全问题的特殊性，安全工作的成果既要考虑经济效益，又要考虑社会效益。正确认识和理解安全的效果性，是落实安全生产措施的重要前提。

（4）党、政、工、团协调安全工作原则。党制定正确的安全生产方针和政策，教育干部和群众遵章守法，了解和解决工人的思想负担，把不安全行为变成为安全行为。政府实行安全监察管理职责，不断改善劳动条件，提高企业生产的安全性。工会代表工人的利益，监督政府和企业把安全工作搞好。青年是劳动力中的优生力量，青年工人中往往事故发生率高，因此，动员青年开展事故预防活动，是安全生产的重要保证。

（5）责任制原则。各级政府及相关的职能部门和企事业单位应当实行安全生产责任制，对违反劳动安全法规和不负责任的人员而造成的伤亡事故应当给予行政处罚，造成重大伤亡事故的应当追究刑事责任。只有将安全责任落到实处，安全生产才能得以保证，安全管理才能有效。

综上所述，事故的预防要从技术、组织管理和教育等多方面采取措施，从总体上提高预防事故的能力，才能有效地控制事故，保证生产和生活的安全。

3. 事故预防的3E原则

海因里希把造成人的不安全行为和物的不安全状态的主要原因归结为四个方面的问题：

（1）不正确的态度。个别职工忽视安全，甚至故意采取不安全行为；

（2）技术、知识不足。缺乏安全生产知识，缺乏经验，或技术不熟练；

（3）身体不适。生理状态或健康状况不佳，如听力、视力不良，反应迟钝、疾病、醉酒或其他生理机能障碍；

（4）不良的工作环境。照明、温度、湿度不适宜，通风不良，强烈的噪声、振动，物料堆放杂乱，作业空间狭小，设备、工具缺陷等不良的物理环境，以及操作规程不合适、没有安全规程，其他妨碍贯彻安全规程的事物。

对这四个方面的原因，海因里希提出了防止工业事故的四种有效的方法，后来被归纳为众所周知的3E原则，即：

（1）Engineering——工程技术。运用工程技术手段消除不安全因素，实现生产工艺、机械设备等生产条件的安全。

（2）Education——教育。利用各种形式的教育和训练，使职工树立"安全第一"的思想，掌握安全生产所必需的知识和技能。

（3）Enforcement——强制。借助于规章制度、法规等必要的行政、乃至法律的手段约束人们的行为。

一般来讲，在选择安全对策时应该首先考虑工程技术措施，然后是教育、训练。实际工作中，应该针对不安全行为和不安全状态的产生原因，灵活地采取对策。例如，针对职工的不正确态度问题，应该考虑工作安排上的心理学和医学方面的要求，对关键岗位上的人员要认真挑选，并且加强教育和训练，如能从工程技术上采取措施，则应该优先考虑；对于技术、知识不足的问题，应该加强教育和训练，提高其知识水平和操作技能；尽可能地根据人机学的原理进行工程技术方面的改进，降低操作的复杂程度。为了解决身体不适的问题，在分配工作任务时要考虑心理学和医学方面的要求，并尽可能从工程技术上改进，降低对人员素质的要求。对于不良的物理环境，则应采取恰当的工程技术措施来改进。

即使在采取了工程技术措施，减少、控制了不安全因素的情况下，仍然要通过教育、训练和强制手段来规范人的行为，避免不安全行为的发生。

为了防止事故发生，不仅要在上述三个方面实施事故预防与控制的对策，而且还应始终保持三者间的均衡，合理地采取相应措施和综合使用上述措施，才有可能搞好事故预防工作。

（二）海因里希工业安全公理

美国安全工程师海因里希在《工业事故防止》一书中，对事故预防工作进行了深入研究，提出了工业事故预防的十项原则,称为海因里希工业安全公理(Axioms of Industrial Safety)。具体内容如下:

(1)工业生产过程中人员伤亡的发生,往往是处于一系列因果连锁至末端事故的结果;而事故常常起因于人的不安全行为或(和)机械、物质(统称为物)的不安全状态。

(2)人的不安全行为是大多数工业事故的原因。

(3)由于不安全行为而受到伤害的人经历了几乎重复了300次以上没有造成伤害的同样事故。换言之,人员在受到伤害之前,已经数百次面临来自物方面的危险。

(4)在工业事故中,人员受到伤害的严重程度具有随机性质。大多数情况下,人员在事故发生时可以免遭伤害。

(5)人员产生不安全行为的主要原因有:

① 不正确的态度——个别职工忽视安全,甚至故意采取不安全行为;

② 技术、知识不足——缺乏安全生产知识、缺乏经验或技术不熟;

③ 身体不适——生理状态或健康状况不佳,如听力、视力不良、反应迟钝、疾病、醉酒或其他生理机能障碍;

④ 物的不安全状态及不良的物理环境——照明、温度、湿度不适宜,通风不良,强烈的噪声、振动,物料堆放杂乱,作业空间狭小,设备、工具缺陷等不良的物理环境,以及操作规程不适合、没有安全规程和其他妨碍贯彻安全规程的事物。

这些因素是采取预防不安全行为产生措施的依据。

(6)防止工业事故的四种有效的方法是:

① 工程技术方面的改进;

② 对人员进行说服、教育;

③ 人员调整;

④ 惩戒。

(7)防止事故的方法与企业生产管理、成本管理及质量管理的方法类似。

(8)企业领导者有进行事故预防工作的能力,并且能把握进行事故预防工作的时机,因而应该承担预防事故工作的责任。

(9)专业安全人员及车间干部、班组长是预防事故的关键,他们工作的好坏对能否做好事故预防工作有影响。

(10)除了人道主义动机之外,下面两种强有力的经济因素也是促进企业事故预防工作的动力:

① 安全的企业生产效率高,不安全的企业生产效率低;

② 事故后用于赔偿及医疗费用的直接经济损失,只占事故总经济损失的1/5。

尽管随着时代的前进和人们认识的深化,该"公理"中的一些观点已经不再是"自明之理"了,许多新观点、新理论相继问世。但是该理论中的许多内容仍然具有强大的生命力,在现今的事故预防工作中仍产生重大影响。

(三)事故预防工作五阶段模型

海因里希定义事故预防是为了控制人的不安全行为、物的不安全状态而开展以某些知识、态度和能力为基础的综合性工作以及一系列相互协调的活动。

掌握事故发生及预防的基本原理,拥有对人类、国家、劳动者负责的基本态度,以及从事事故预防工作的知识和能力,是开展事故预防工作的基础,在此基础上,事故预防工作包括以下五个阶段的努力:

(1)建立健全事故预防工作组织,形成由企业领导牵头的,包括安全管理人员和安全技术人员在内的事故预防工作体系,并切实发挥其效能。

(2)通过实地调查、检查、观察及对有关人员的询问,加以认真的判断、研究,以及对事故原始记录的反复研究,收集第一手资料,找出事故预防工作中存在的问题。

(3)分析事故及不安全问题产生的原因。它包括弄清伤亡事故发生的频率、严重程度、场所、工种、生产工序、有关的工具、设备及事故类型等,找出其直接原因和间接原因,主要原因和次要原因。

(4)针对分析事故和不安全问题得到的原因,选择恰当的改进措施。改进措施包括工程技术方面的改进、对人员说服教育、人员调整、制定及执行规章制度等。

(5)实施改进措施。通过工程技术措施实现机械设备、生产作业条件的安全,消除物的不安全状态。通过人员调整、教育、训练消除人的不安全行为,在实施过程中要进行监督。

以上对事故预防工作的认识被称作事故预防工作五阶段模型。该模型包括了企业事故预防工作的基本内容。但是,它以实施改进措施作为事故预防的最后阶段,不符合"认识—实践—再认识—再实践"的认识规律以及事故预防工作永无止境的客观规律。因此,对事故预防工作五阶段模型进行改进,得到如图2.5所示的模型。

事故预防工作是一个不断循环进行、不断提高的过程,不可能一劳永逸。在这里,预防事故的基本方法是安全管理,它包括:资料收集,对资料进行分析来查找原因,选择改进措施,实施改进措施,对实施过程及结果进行检测和评价,在监测和评价的基础上再收集资料,发现问题等。

事故预防工作的成败,取决于有计划、有组织地采取改进措施的情况,特别是执行者工作的情况至关重要。因此,为了获得预防事故工作的成功,必须建立健全事故预防工作组织,采用系统的安全管理方法,唤起和维持广大干部、职工对事故预防工作的关心,不断地做好日常安全管理工作。

海因里希认为,建立与维持职工对事故预防工作的兴趣是事故预防工作的第一原则,其次是要不断地分析问题和解决问题。

改进措施可分为直接控制人员操作及生产条件的即时措施,以及通过指导、教育和训练逐渐养成安全操作习惯的长期的改进措施。前者对现存的不安全状态及不安全行为立即采取措施解决;后者用于克服隐藏在不安全状态及不安全行为背后的深层原因。

如果有可能运用技术手段消除危险状态、实现本质安全时,则不管是否存在人的不安全行为,都应该首先考虑采取工程技术上的对策。当某种人的不安全行为引起了或可能引起事故,而又没有恰当的工程技术手段防止事故发生时,则应立即采取措施防止不安全行为重复发生。这些即时的改进对策是十分有效的。然而,我们绝不能忽略了所有造成工人不安全行为的背后原因,这些原因更重要。否则,改进措施仅仅解决了表面的问题,而事故的根源没有被铲除掉,以后还会发生事故。

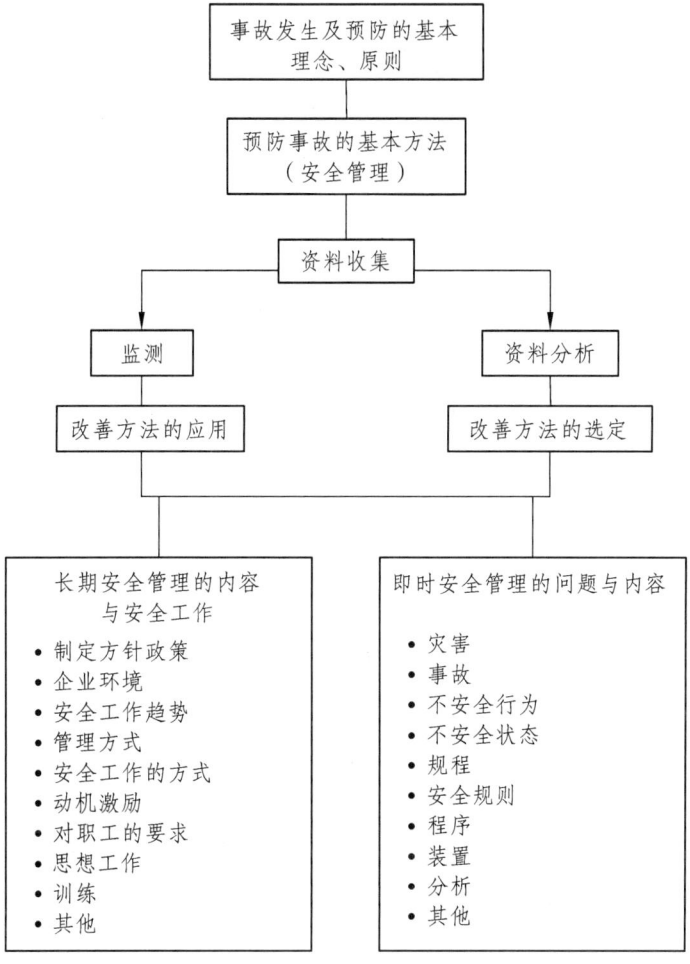

图 2.5　改进的事故模型

（四）本质安全化方法

本质安全一词的提出源于 20 世纪 50 年代世界宇航技术的发展，这一概念的广泛接受是和人类科学技术的进步以及对安全文化的认识密切相联的，是人类在生产、生活实践的发展过程中，对事故由被动接受到积极事先预防，以实现从源头杜绝事故和人类自身安全保护需要，在安全认识上取得的一大进步。狭义的概念指的是通过设计手段使生产过程和产品性能本身具有防止危险发生的功能，即使在误操作的情况下也不会发生事故。广义的角度来说就是通过各种措施（包括教育、设计、优化环境等）从源头上堵住事故发生的可能性，即利用科学技术手段使人们生产活动全过程实现安全无危害化，即使出现人为失误或环境恶化也能有效阻止事故发生，使人的安全健康状态得到有效保障。

本质安全化方法主要是从物的方面考虑，包括降低事故发生的概率和降低事故严重程度。

1. 降低事故发生的概率的措施

影响事故发生概率的因素很多，如系统的可靠性、系统的抗灾能力、人的失误和违章等。在生产作业过程中,既存在自然的危险因素,也存在人为的生产技术方面的危险因素。这些因素能否导致事故发生,不仅取决于组成系统各要素的可靠性,而且还受到企业管理水平和物质条件的限制。因此,降低系统事故的发生概率,最根本的措施是设法使系统达到本质安全化,使系统中的人、物、环境和管理安全化。一旦设备或系统发生故障时,能自动排除、切换或安全地停止运行;当人发生操作失误时,设备、系统能自动保证人-机安全。

欲做到系统的本质安全化,应采取以下综合措施:

1）提高设备的可靠性

要控制事故的发生概率,提高设备的可靠性是基础。为此,应采取以下措施:

（1）提高元件的可靠性。设备的可靠性取决于组成元件的可靠性,要提高设备的可靠性,必须加强对元件的质量控制和维修检查,一般可采取:

① 使原件的结构和性能符合设计要求和技术条件,选用可靠性高的元件代替可靠性低的元件;

② 合理规定元件的使用周期,严格检查维修,定期更换或重建。

（2）增加备用系统。在规定时间内,多台设备同时全部发生故障的概率等于每台设备单独发生故障的概率的乘积。因此,在一定条件下,增加备用系统（设备）,使每台单独设备或系统都能完成同样的功能。一旦其中一台或几台设备发生故障时,系统仍能正常运转,不致中断正常运行,从而提高系统运行的可靠性,也有利于系统的抗灾救灾。例如,对企业中的一些关键性设备,如供电线路、电动机、水泵等均配置一定量的备用设备,以提高其抗灾能力。

（3）对处于恶劣环境下运行的设备采取安全保护措施。为了提高设备运行的可靠性,防止发生事故,对处于恶劣环境下运行的设备应当采取安全保护措施。如对处于有摩擦、腐蚀、侵蚀等条件下运行的设备,应采取相应的防护措施。对震动大的设备应加强防震、减震和隔震等措施。

（4）加强预防性维修。预防性维修可以有效排除事故隐患、排除设备的潜在危险。为此,应制定相应的维修制度,并认真贯彻执行。

2）选用可靠的工艺技术,降低危险因素的感度

危险因素的存在是事故发生的必要条件。危险因素的感度是指危险因素转化成为事故的难易程度。降低危险因素的感度,关键是选用可靠的工艺技术。

3）提高系统的抗灾能力

系统的抗灾能力是指当系统受到自然灾害和外界事物干扰时,自动抵抗而不发生事故的能力,或者指系统中出现某危险事件时,系统自动将事态控制在一定范围的能力。例如采用漏电保护装置、安全监制、监控装置等安全防护装置。

4）减少人的失误

由于人在生产过程中的可靠性远比机电设备差,很多事故是因人的失误造成的。降低系统事故发生概率,必须首先减少人的失误,主要方法有:

（1）对工人进行充分的安全知识、安全技能、安全态度等方面的教育和训练。

（2）以人为中心,改善工作环境,为工人提供安全性较高的劳动生产条件。

（3）提高机械化程度,尽可能用机器操作代替人工操作,减少现场工作人员。

（4）注意用人机工程学原理进行系统设计,合理分配人机功能,并改善人机接口的安全

状况。

5）加强监督检查

建立健全各种自动制约机制，加强专职与兼职、专管与群管相结合的安全检查工作。对系统中的人、事、物进行严格的监督检查，在各种劳动生产过程中是必不可少的。实践表明，只有加强安全检查工作，才能有效地保证企业的安全生产。

2. 降低事故严重度的措施

事故严重度是指因事故造成的财产损失和人员伤亡的严重程度。事故的发生是由于系统中的能量失控造成的，事故的严重度与系统中危险因素转化为事故时释放的能量有关，能量越高，事故的严重度越大。因此，降低事故严重度具有十分重要的作用。目前，一般可采取的措施有：

1）限制能量或分散风险

为了减少事故损失，必须对危险因素的能量进行限制，如各种油库、火药库的储存量的限制，各种限流、限压、限速等设备就是对危险因素的能量进行的限制。此外，通过把大的事故损失化为小的事故损失可达到分散风险的效果。

2）防止能量逸散的措施

防止能量逸散就是设法把有毒、有害、有危险的能量源储存在有限允许范围内，而不影响其他区域的安全，如防爆设备的外壳、密闭墙、密闭火区、放射性物质的密封装置等。

3）加装缓冲能量的装置

在生产中，设法使危险源能量释放的速度减慢，可大大降低事故的严重度，而使能量释放速度减慢的装置称为缓冲能量装置。在工业企业和生活中使用的缓冲能量装置较多，如汽车、轮船上装备的缓冲装置，缓冲阻车器，以及各种安全带、安全阀等。

4）避免人身伤亡的措施

避免人身伤亡的措施包括两个方面的内容：一是防止发生人身伤害；二是一旦发生人身伤害时，采取相应的急救措施。采用遥控操作，提高机械化程度，使用整体或局部的人身个体防护都是避免人身伤害的措施。在生产过程中及时注意观察各种灾害的预兆，以便采取有效措施，防止事故发生。即使不能防止事故发生，也可及时撤离人员，避免人员伤亡。做好救护和工人自救准备工作对降低事故的严重度有着十分重要的意义。

（五）人-机匹配法

事故的发生往往因人的不安全行为和物的不安全状态造成。因此，为了防止事故的发生，主要应当防止出现人的不安全行为和物的不安全状态。在此基础上充分考虑人和机的特点，使之在工作中相互匹配，对防止事故的发生十分有益。

1. 防止人的不安全行为及物的不安全状态

为了防止人的不安全行为，首先，要对人员的结构和素质情况进行分析，找出容易发生事故的人员层次和个人以及最常见的人的不安全行为。然后，在对人的身体、生理、心理进行检查测验的基础上，合理选配人员。从研究行为科学出发，加强对人的教育、训练和管理，提高生理、心理素质，增强安全意识，提高安全操作技能，从而最大限度地减少、消除不安全行为。可采取的具体措施包括：

（1）职业适应性检查；

（2）人员的合理选拔和调配；

（3）安全知识教育；

（4）安全态度教育；

（5）安全技能培训；

（6）制定作业标准和异常情况处理标准；

（7）作业前的培训；

（8）制定和贯彻实施安全生产规章制度；

（9）开好班前会；

（10）实行确认制；

（11）作业中的巡视检查，监督指导；

（12）竞赛评比，奖励惩罚；

（13）经常性的安全教育和活动。

为了消除物的不安全状态，应把重点放在提高技术装备（机械设备、仪器仪表、建筑设备等）的安全化水平上。技术设备安全化水平的提高也有助于改善安全管理和防止人的不安全行为。可以说，技术设备的安全化水平在一定程度上决定了工伤事故和职业病的发生频率。

为了提高技术设备的安全化水平，必须大力推行本质安全技术。具体地说，它包括两个方面的内容：

（1）失误安全功能，指操作者即使操纵失误也不会发生事故和伤害。或者说设备、设施或工艺技术具有自动防止人的不安全行为的功能。

（2）故障安全功能，指设备、设施发生故障或损失时还能暂时维持正常工作或自动转变为安全状态。

上述安全功能应该潜藏于设备、设施或工艺技术内部，即在其规划设计阶段就被纳入，而不应在事后再行补偿。

2. 人-机功能特性比较

1）人的主要功能

（1）人能够通过感觉器官接受环境信息，感知系统的作业情况和机器的状态。

（2）人能够通过大脑对信息处理进行记忆、分析和加工，并作出判断和评价，如作出继续、停止或改变操作的决定。

（3）人能够通过指令和四肢动作对机器进行操作，如开、关机器等。

2）机器的主要功能

（1）机器能够通过传感器和按键、键盘等装置接受信息和指令。

（2）机器能够通过储存装置储存信息。

（3）机器能够按照设计的程序对信息进行运算、加工和处理。

（4）机器能够通过本身的内部结构产生控制作用，控制运行的速度和力度；此外机器还能借助信号把指令从一个环节传递到另一个环节。

对人与机器主要功能进行分析比较总结出表2.2。

表 2.2　人机功能特性比较表

项目	人	机器
感受能力	能够识别物体的大小、形状、位置和颜色等特征，能够分辨不同音色和某些化学物质	能够接受超声、辐射、微波、磁场等人不能感知的信号，且在感觉速度方面优于人
操纵能力	能够进行各种控制，在自由度、调节和联系能力等方面优于机器，能"独立运行"	操纵力、速度、精密度、操作数量和范围等方面优于人，但不能"独立运行"
处理能力	有智力和主观能动性，有创造、辨别、归纳、演绎、综合、分析、记忆、联想、判断、抽象思维等能力，能发现事物运动规律，对问题提出见解和决策措施	无智力（智能机例外）和主观能动性，没有创造能力，只能按照程序设计机械地辨别、归纳、演绎、综合、分析、记忆、判断，不能对问题提出见解
学习能力	具有很强的学习能力，能阅读、归纳和判断，形成概念和方法	无学习能力
计算能力	计算慢且容易产生误差，不能进行高阶运算，但善于修正误差	计算快而精确，可进行高阶运算，但不善于修正误差
记忆能力	能够记忆大量信息，并进行多途径存取，擅长对原则和策略的记忆	能够迅速存取信息，信息传递能力、记忆速度和保持能力都比人高很多
工作效能	能够依次完成多种功能作业，但不能同时完成多种操纵和在恶劣条件下作业	能够在恶劣环境下工作，可同时完成多种操纵控制，单调、重复的工作也不降低效率
可靠性	就人脑而言，可靠性高于机器，但在疲劳与紧急事态下，可能极不可靠，人的技术高低，生理及心理状况等对可靠性都有影响，能够处理意外的紧急事件	按照恰当设计制造的机器，能保持高速可靠性，但在超负荷情况下可靠性可能突降，其本身的检查和维修能力非常薄弱，不能处理意外的紧急事件
连续性	容易产生疲劳，不能长时间地连续工作，且受年龄、性别与健康状况等因素的影响	耐久性高，能长期连续工作，但需要适当维护
灵活性	通过教育训练，能够具有多方面的应变能力，适应和应付突发事件能力强	如果是专用机械，不调整则不能改变其作业用途

从表 2.2 可以看出：

（1）人在复杂感受能力、信息处理能力、智力、综合判断能力、对情况的决策处理能力、灵活应变能力等方面优于机器；但在准确度、体力、速度和知觉能力方面有限。

（2）机器在操纵力、速度、精确度、高阶运算能力、存储能力、连续作业能力和耐久性等方面优于人；但在性能维持能力、正常动作、判断能力、造价、运营费用方面受限。

3. 人-机功能匹配

将人和机器特性有机结合起来，可以组成高效、安全的人机系统。例如，将人在紧急情况下处理意外事态和进行维护修理的能力与机器在正常情况下持久工作能力结合起来，可以较好地保证系统的可靠性和安全性。载人航天实践中，绕月亮飞行中全自动飞行的成功率为 22%，人参与飞行的成功率为 70%，人承担维修任务的飞行成功率可达到 93%，具有高智能的人和最先进的机器相结合的人机环境系统最有发展前途。在实际应用中，并不是简单地把人和机器联系在一起就算解决了人-机功能分配问题。哪些功能由人来完成，哪些功能由机器来完成，必须进行具体的分析和研究。

为了充分发挥人与机器各自的优点，让人和机器合理地分配工作任务，实现安全、高效的生产，应根据人与机器功能特征的不同，进行人和机器的功能分配。其具体的分配原则如下：

（1）利用人的有利条件：
① 能判断被干扰阻碍的信息；
② 在图形变化的情况下，能识别图形；
③ 对多种输入信息能辨别；
④ 对于发生频率低的事态，在判断时，人的适应性好；
⑤ 解决需要归纳推理的问题；
⑥ 对意外发生的事态能预知、探讨，要求报告信息状况时，用人较好。

（2）利用机器的有利条件：
① 对决定的工作能反复计算，能储存大量的信息资料；
② 迅速地给予很大的物理力；
③ 整理大量的数据；
④ 受环境限制由人来完成有危险或易犯错误的作业；
⑤ 需要调整操作速度；
⑥ 对操纵器需要精密的施加力；
⑦ 要施加长时间的力时，用机器好。

概括地说，在进行人、机功能分配时，应该考虑人的准确度、体力、动作的速度及知觉能力四个方面的基本界限。人员适合从事智力、视力、听力、综合判断力、应变能力及反应能力要求较高的工作，机器适于承担功率大、速度快、重复性作业及持续作业的任务。应该注意，即使是高度自动化的机器，也需要人员来监视其运行情况。另外，在异常情况下需要由人员来操作，以保证安全。

1）人-机功能匹配的含义

人-机功能匹配是指对人与机器的特性进行权衡分析，将系统的不同功能分配给人或机器。其目的是通过合理分配人与机器的功能，将人与机器的优点结合起来，取长补短，从而构成高效、安全的人机系统。

人-机功能匹配要注意以下几个方面：
（1）要考虑人与机器各自功能的局限性。
（2）要考虑机器的操纵程度高低、对操纵者的要求及操纵者的功能限制对机器的要求，实现人-机相互配合，相互补充和协调。
（3）要注意人监控机器和机器监控人。

2）人-机功能匹配的不合理分配

（1）没有科学合理地进行人-机功能分配，而错误地把适合人的功能分配给了机器，把适合机器的功能分配给了人。
（2）没有考虑好机器的操纵程度高低对操纵者的要求及操纵者的功能限制对机器的要求，结果造成人承担的负荷或速度超过了人的能力极限。
（3）没有根据人执行功能的特点找出人与机器之间最适宜的相互联系的途径与手段。

3）人-机功能匹配的原则

笨重的、快速的、精细的、规律性的、单调重复的、高阶运算的、大功率的、高温剧毒、对人有危害的操作等功能应该让机器承担，而人则适合于指令和程序的安排，图形的辨认或多种信息输入，机器系统的监控、维修运用、设计调试、革新创造、故障处理及应付突然事件等功能。

4）人-机功能匹配应该注意的问题

（1）信息由机器的显示器传递给人时，应该选择适宜的信息通道，避免信息通道过载而失误，同时设计应该考虑符合人-机学的原则。

（2）信息从人的运动器官传递到机器时，应该考虑人的能力极限和操作范围，所设计的控制器应高效、安全、灵敏、可靠。

（3）设计时，应该充分利用人与机器的各自优势。

（4）使用人-机结合面的信息通道和传递频率不能超过人的能力极限，并使设计适合大多数人。

（5）要考虑机器发生故障的可能性，及简单排除故障的方法和工具。

（6）要考虑小概率事件的处理，对可能造成破坏的小概率事件要事先安排监督和控制方法。

第二节　安全生产管理原理

一、安全生产与安全生产管理

安全生产是为了使生产过程在符合物质条件和工作秩序下进行，防止发生人身伤亡和财产损失等生产事故，消除或控制危险、有害因素，保障人身安全与健康、设备和设施免受损坏、环境免遭破坏的总称。

所谓安全生产管理，就是针对人们生产过程的安全问题，运用有效的资源，发挥人们的智慧，通过人们的努力，进行有关决策、计划、组织和控制等活动，实现生产过程中人与机器设备、物料、环境的和谐，达到安全生产的目标。

安全生产管理的目标是：减少和控制危害，减少和控制事故，尽量避免生产过程中由于事故所造成的人身伤害、财产损失、环境污染以及其他损失。安全生产管理包括安全生产法制管理、行政管理、监督检查、工艺技术管理、设备设施管理、作业环境和条件管理等。

安全生产管理的基本对象是企业的员工，涉及企业中所有人员、设备设施、物料、环境、财务、信息等各个方面。

安全生产管理的内容包括：安全生产管理机构和安全生产管理人员、安全生产责任制、安全生产管理规章制度、安全生产策划、安全培训教育、安全生产档案等。

二、安全生产法规理论

安全生产法规是保障劳动者在劳动过程中安全与健康，以及生命财产安全的法律规范的总称。安全生产法规有广义和狭义两种解释，广义的安全生产法律是指我国保护劳动者和保障生产资料及财产的全部法律规范。因为，这些法律规范都是为了保护国家利益和劳动人民的利益而制定的，如有关安全技术、安全工程、劳动合同、工伤保险、职业技术培训、组织工会和民主管理等方面的法规。狭义的安全生产法律是指国家为了改善劳动条件，保护劳动者在生产过程中的安全和健康，以及保障生产安全所采取的各种措施的法律规范，如劳动安全卫生规程，对女工和未成年工安全生产的特别规定，关于工作时间、休息时间和休假制度的规定，关于安全生产的组织和管理制度的规定等。安全生产法规的表现形式是国家制定的关于安全生产的各种规范性文件，它可以表现为享有国家立法权的机关制定的法律，也可以表现为国务院及其所属的部、委员会发布的行政法规、决定、命令、指示、规章以及地方性法规等，还可以表现为各种安全卫生技术规程、规范和标准。

安全生产法规是整个国家法规体系的一部分，因此它具有法的一般特征。

我国安全生产法律制度的建立与完善，与国家的安全生产政策有密切的关系。这种关系，就是政策是法规的依据、法规政策的定型化、条文化。应该明确，在过去法制很不完备，没有安全生产法规的场合，只能依照国家的安全生产政策做好安全生产工作。这时，国家的安全生产政策实际上已经起到了法规的作用，已赋予了它一种新的属性，这种属性是国家所赋予的而不是政策本身就具有的。

随着我国法制建设的发展，有关安全生产方面的法律、法规已逐步完善，用法制的手段来维护企业的安全生产秩序，保证国家安全生产的目的，已成为现实并发挥重要的作用。

安全生产法规的特点如下：

（1）保护的对象是劳动生产人员、生产资料和国家财产。

（2）安全生产法规具有强制性的特征。

（3）安全生产法规涉及自然科学和社会科学领域，因此具有政策性特点，又有科学技术性特点。

三、安全生产管理原理

安全生产管理原理作为管理的主要组成部分，遵循管理的普遍规律，它既服从管理的基本原理与原则，也有特殊的原理与原则。原理与原则实质内容之间存在内在的逻辑对应关系。安全生产管理原理是从生产管理的共性出发，对生产管理工作的实质内容进行科学的分析、综合、抽象与概括所得出的生产管理规律。

安全生产管理原则是根据对客观事物基本规律的认识引发出来的，需要人们共同遵循的行为规范和准则。安全生产原则是指在生产管理原理的基础上指导生产管理活动的通用规则。

原理与原则的本质与内涵是一致的。一般来说，原理更基本，更具有普通意义；原则更具体，对行动更有指导性。

（一）人本原理

1. 含 义

在管理中必须把人的因素放在首位，体现以人为本的指导思想，这就是人本原理。以人为本有两层含义,其一是一切管理活动都是以人为本展开的,人既是管理的主体,又是管理的客体,每个人都处在一定的管理层面上,离开人就无所谓管理;其二是管理活动中,作为管理对象的要素和管理系统的各环节,都是需要人掌管、运作、推动和实施。

2. 特 性

管理活动的目标、组织任务的制订和完成主要取决于人的作用,人的积极性、主动性和创造性的调动和发挥。没有人在组织中起作用,组织将不成为组织,各种资本物质也会因没有人去组织和使用而成为一堆无用之物。因此,管理主要是人的管理和对人的管理。管理活动必须以人的积极性、主动性和创造性为核心来展开,管理工作的中心任务就在于调动人的积极性,发挥人的主动性,激发人的创造性。因此,人本原理讲求和解决的核心问题是积极性问题。

3. 运用原则

(1) 动力原则。推动管理活动的基本力量是人,管理必须有能够激发人的工作能力的动力,这就是动力原则。对于管理系统,有三种动力,即物质动力、精神动力和信息动力。

(2) 能级原则。现代管理认为,单位和个人都具有一定的能量,并且可按照能量的大小顺序排列,形成管理的能级,就像原子中电子的能级一样。在管理系统中,建立一套合理能级,根据单位和个人能量的大小安排其工作,才能发挥不同能级的能量,保证结构的稳定性和管理的有效性。

(3) 激励原则。管理中的激励就是利用某种外部诱因的刺激调动人的积极性和创造性。以科学的手段,激发人的内在潜力,使其充分发挥积极性、主动性和创造性,这就是激励原则。人的工作动力来源于内在动力、外部压力和工作吸引力。

(二) 预防原理

1. 含 义

安全生产管理工作应该做到预防为主,通过有效的管理和技术手段,减少和防止人的不安全行为和物的不安全状态,这就是预防原理。在可能发生人身伤害、设备或设施损坏和环境破坏的场合,事先采取措施,防止事故发生。

2. 特 性

预防,其本质是在有可能发生意外人身伤害或健康损害的场合,采取事前的措施,防止伤害的发生。预防与善后是安全管理的两种工作方法。善后是针对事故发生以后所采取的措施和进行的处理工作,在这种情况下,无论处理工作如何完善,事故造成的伤害和损失已经发生,这种完善也只能是相对的。显然,预防的工作方法是主动的、积极的,是安全管理应该采取的主要方法。

安全管理以预防为主,其基本出发点源自生产过程中的事故是能够预防的观点。除了自然灾害以外,凡是由于人类自身的活动而造成的危害,总有其产生的因果关系,探索事故的原因,采取有效的对策,原则上讲就能够预防事故的发生。

由于预防是事前的工作,因此正确性和有效性就十分重要。生产系统一般都是比较复杂的系统，事故的发生既有物的方面的原因，又有人的方面的原因，事先很难估计充分。有时重点预防的问题没有发生，但未被重视的问题却酿成大祸。为了使预防工作真正起到作用，一方面要重视经验的积累，对既成事故和大量的未遂事故（险肇事故）进行统计分析，从中发现规律，做到有的放矢；另一方面要采用科学的安全分析、评价技术，对生产中人和物的不安全因素及其后果作出准确的判断，从而实施有效的对策，预防事故的发生。

实际上，要预防全部的事故发生是十分困难的，也就是说不可能让事故发生的概率降为零。因此，为防备万一，采取充分的善后处理对策也是必要的。安全管理应该坚持"预防为主，善后为辅"的科学管理方法。

3. 运用原则

（1）偶然损失原则。事故后果以及后果的严重程度，都是随机的、难以预测的。反复发生的同类事故，并不一定产生完全相同的后果，这就是事故损失的偶然性。偶然损失原则告诉我们，无论事故损失是大是小，都必须做好预防工作。

（2）因果关系原则。事故的发生是许多因素互为因果连续发生的最终结果，只要事故的因素存在，发生事故是必然的，只是时间或迟或早而已，这就是因果关系原则。

（3）3E原则。造成人的不安全行为和物的不安全状态的原因可归结为四个方面，即技术原因、教育原因、身体和态度原因以及管理原因。针对这四方面的原因，可以采取三种防止对策，即工程技术（Engineering）对策、教育（Education）对策和法制（Enforcement）对策，即所谓的3E原则。

（4）本质安全化原则。本质安全化原则是指从一开始和从本质上实现安全化，从根本上消除事故发生的可能性，从而达到预防事故发生的目的。本质安全化原则不仅可以应用于设备、设施，还可以应用于建设项目。

（三）强制原理

1. 含　义

采取强制管理的手段控制人的意愿和行为，使个人的活动、行为等受到安全生产管理要求的约束，从而实现有效的安全生产管理，这就是强制原理。所谓强制就是绝对服从，不必经被管理者同意便可采取控制行动。

2. 特　性

安全管理需要强制性是由事故损失的偶然性、人的"冒险"心理以及事故损失的不可挽回性所决定的。安全强制性管理的实现，离不开严格合理的法律、法规、标准和各级规章制度，这些法规、制度构成了安全行为的规范。同时，还要有强有力的管理和监督体系，以保证被管理者始终按照行为规范进行活动，一旦其行为超出规范的约束，就要有严厉的惩处措施。

3. 运用原则

（1）安全第一原则。安全第一就是要求在进行生产和其他活动的时候把安全工作放在一切工作的首要位置。当生产和其他工作与安全发生矛盾时，要以安全为主，生产和其他工作要服从安全，这就是安全第一原则。

安全第一原则可以说是安全管理的基本原则，也是我国安全生产方针的重要内容。贯彻安全第一原则，就是要求一切经济部门和生产企业的领导者要高度重视安全，把安全工作当作头等大事来抓，要把保证安全作为完成各项任务、做好各项工作的前提条件。在计划、布置、实施各项工作时首先想到安全，预先采取措施，防止事故发生。该原则强调，必须把安全生产作为衡量企业工作好坏的一项基本内容，作为一项有"否决权"的指标，不安全不准进行生产。

（2）监督原则。为了促使各级生产管理部门严格执行安全法律、法规、标准和规章制度，保护职工的安全与健康，实现安全生产，必须授权专门的部门和人员行使监督、检查和惩罚的职责，以揭露安全工作中的问题，督促问题的解决，追究和惩戒违章失职行为，这就是安全管理的监督原则。

安全管理带有较多的强制性，只要求执行系统自动贯彻实施安全法规，而缺乏强有力的监督系统去监督执行，则法规的强制威力是难以发挥的。随着社会主义市场经济的发展，企业成为自主经营、自负盈亏的独立法人，国家与企业、企业经营者与职工之间的利益差别在安全管理方面也有所体现，它表现为生产与安全、效益与安全、局部效益与社会效益、眼前利益与长远利益的矛盾。企业经营者往往容易片面追求质量、利润、产量等，而忽视职工的安全与健康。在这种情况下，必须设立安全生产监督管理部门，配备合格的监督人员，赋予必要的强制权力，以保证其履行监督职责，保证安全管理工作落到实处。

第三节 安全评价方法

一、概 述

安全评价是安全系统工程的一个重要组成部分。安全系统工程由单纯的事故后管理发展成为事故后管理与事故前管理相结合。事故后管理方法是针对发生的事故进行分析，找出事故的原因，制定防止再次发生同类事故的措施。然而，仅仅是在事故发生后才去采取措施，不能从根本改变系统的安全状况，更不可能从本质上提高安全水平。因此，必须增强安全生产的事故前管理，及时发现隐患，采取措施，预防事故的发生。事故前管理的基础是对安全状况作出正确的评价。

（一）安全评价的含义

安全评价也称危险性评价或风险评价，是以实现系统安全为目的，应用安全系统工程原理和工程技术方法，对系统中固有或潜在的危险因素进行定性和定量分析，得出系统发生危险的可能性及其后果严重程度的评价，通过与评价标准的比较得出系统的危险程度，提出改进措施，以寻求最低事故率、最少的损失和最优的安全投资。

任何生产系统，在其寿命周期内都有发生事故的可能，区别只在事故发生的频率和可能的严重程度不同而已。因为在制造、试验、安装、生产和维修的过程中普遍存在着危险性。

在一定条件下，如果对危险失去控制或防范不周，就会发生事故，造成人员伤亡和财产损失以及环境污染。为了抑制危险性，使其不发展为事故或减少事故造成的损失，就必须对它有充分的认识，掌握危险性发展为事故的规律，也就是要充分揭示系统存在的所有危险性，及其形成事故的可能性和发生事故的损失大小，从而衡量系统客观存在的风险大小。据此确定是否需要改进技术路线和防范措施，变更后危险性将得到怎样的抑制和消除，技术上是否可行，经济上是否合理以及系统是否最终达到了社会所公认的安全指标。这就是安全评价的基本内容和过程。

上述安全评价的定义中包含三层意思：第一，对系统存在的不安全因素进行定性和定量分析，这是安全评价的基础，包括安全测定、安全检查和安全分析等；第二，通过与评价标准的比较得出系统发生危险的可能性或程度的评价；第三，提出改进措施，以寻求最低的事故率，达到安全评价的最终目的。

（二）安全标准

经定量化的风险或危害性是否达到要求的（期盼的）安全程度，需要有一个界限、目标或标准进行比较，这个标准就是安全标准。

安全标准的确定主要取决于一个国家、行业或部门的政治、经济、技术和安全科学发展的水平。随着生产技术的发展，新工艺、新技术、新材料、新能源的出现，又会产生新的危险；同时，对已经认识到的危险，由于技术、资金等因素的制约，也不可能完全杜绝。所以，确定安全标准，实际上就是确定一个社会各方面可允许的、可接受的危险程度。

安全标准的确定方法有统计法和风险与收益比较法。对系统进行安全评价时，也可根据综合评价得到的危险指数进行统计分析，确定使用一定范围的安全标准。

例如，美国根据交通事故的统计资料，得出小汽车交通事故死亡率为 2.5×10^{-4} 死亡/人·年，这就意味着每年每 10 万美国人中有 25 人因乘坐小汽车死亡的风险；但是美国人没有因害怕这个风险而放弃使用小汽车，说明这个风险能够被美国社会所接受，所以这个风险率就可以作为美国人使用小汽车作交通工具的安全标准。

对于有统计数据的行业，西方国家以行业一定时间内的实际平均死亡率作为确定安全标准的依据。例如英国化学工业的 FAFR 值（指 1 亿工作小时的死亡率）为 3.5；英国帝国化学公司（ICI）提案取其 1/10（即 0.35）作为安全标准。而美国各公司的安全标准（风险目标值）大都取各行业安全标准的十分之一。

表 2.3 列出了美国各种行业的安全标准，表 2.4 为英国各行业的安全标准。

表 2.3 美国各类行业死亡安全标准（每年以接触 2 000 h 计）

工业类型	FAFR 值 （1 亿工作小时的死亡率）	死亡/人·年
工业	7.1	1.4×10^{-4}
商业	3.2	0.6×10^{-4}
制造业	4.5	0.9×10^{-4}
服务业	4.3	0.86×10^{-4}

续表 2.3

工业类型	FAFR 值 （1 亿工作小时的死亡率）	死亡/人·年
机关	5.7	1.14×10^{-4}
运输及公用事业	16	3.6×10^{-4}
农业	27	5.4×10^{-4}
建筑业	28	5.6×10^{-4}
采矿、采石业	31	6.2×10^{-4}

表 2.4 英国各类行业死亡安全标准

工业类型	FAFR 值 （1 亿工作小时的死亡率）	死亡/人·年 （每日 8 h，每月 20 d，每年 1 920 h）
化工	3.5	6.75×10^{-5}
钢铁	8	1.54×10^{-4}
捕鱼	35	6.72×10^{-4}
煤矿	40	7.68×10^{-4}
铁路扳道员	45	8.64×10^{-4}
建筑	67	1.28×10^{-3}
飞机乘务员	250	4.8×10^{-3}
拳击	7 000	1.34×10^{-1}
狩猎竞赛	50 000	9.6×10^{-1}

人们从事生产活动总是期望从中获得较高的收益，而较高的收益则要付出较高的代价，即承担较大的风险。对于获益较少的生产活动，则不必承担较大的风险。换言之，风险的大小取决于受益程度，两者基本上成正比例关系。

对于不同的风险，一般可按数量划分成几个等级，然后分级进行处理，见表 2.5。

表 2.5 风险率分级处理表

死亡/人·年	等级	处理意见
10^{-2}	极其危险	相当于疾病的风险，认为绝对不能接受，需停产整改
10^{-3}	高度危险	必须立即采取措施予以改进
10^{-4}	中等危险	人们不愿出现这种情况，因而同意拿出经费进行改善
10^{-5}	危险性低	相当于游泳淹死的风险，人们对此是关心的，也愿采取措施加以改进
10^{-6}	可忽略	相当于天灾的风险，总认为有事故轮不到我
10^{-7}	同上	相当于陨石坠落的风险，没有人认为这种事故需投资加以改进

一般而言，人们对风险持如下态度：

（1）自己愿意干的事情，风险虽大也觉得没什么，如美国的拳击运动和足球运动，选手的年死亡率高达 1/200，但仍然有人愿意干。

（2）对于自己觉得危险但又无法避免的事情，总是有恐怖感，例如对高空作业的坠落事故，总有神经过敏的情况。

（3）风险虽然相同，但对于频率小、发生一次死伤数量大的事故，比频率大、发生一次仅有很少死伤的事故更为重视。因此，人们总对核电站和液化天然气基地抱有特别担心的感觉。

（三）安全评价的内容和程序

1. 安全评价的内容

从危险源的角度出发，安全评价包括对第一类危险源危险性的评价和对第二类危险源（即第一类危险源的控制措施）危险性的评价两方面。

评价第一类危险源的危险性时，主要考察以下几方面情况：

（1）能量或危险物质的量。第一类危险源具有的能量越高，一旦发生事故其后果越严重；反之，拥有的能量越低，对人或物的危害越小。第一类危险源处于低能量状态时比较安全。同样，第一类危险源具有的危险物质的量越大，干扰人的新陈代谢功能越严重，其危险性越大。

第一类危险源导致事故的后果严重程度，主要取决于事故时意外释放的能量或危险物质的多少。一般地，第一类危险源拥有的能量或危险物质越多，事故时可能意外释放的量也越多。因此第一类危险源拥有的能量或危险物质的量是危险性评价中的最主要指标。当然，有时也会有例外的情况，有些第一类危险源拥有的能量或危险物质只能部分地意外释放。

（2）能量或危险物质意外释放的强度。能量或危险物质意外释放的强度是指事故发生时单位时间内释放的能量。在意外释放的能量或危险物质的总量相同的情况下，释放强度越大，能量或危险物质对人员或物体的作用越强烈，造成的后果越严重。

（3）能量的种类和危险物质的危险性质。不同种类的能量造成人员伤害、财物破坏的机理不同，其后果也很不相同。

危险物质的危险性主要取决于自身的物理、化学性质。燃烧爆炸性物质的物理、化学性质决定其导致火灾、爆炸事故的难易程度及事故后果的严重程度。工业毒物的危险性主要取决于其自身的毒性大小，在引起急性中毒的场合，常用半数致死剂量评价其自身的毒性。

（4）意外释放的能量或危险物质的影响范围。事故发生时意外释放的能量或危险物质的影响范围越大，可能遭受其作用的人或物越多，事故造成的损失越大。例如，有毒有害气体泄漏时可能影响到下风侧的很大范围。

评价第一类危险源的危险性的主要方法有后果分析和划分危险等级两种方法。后果分析是通过详细的分析，计算意外释放的能量、危险物质造成的人员伤害和财物损失，定量地评价危险源的危险性。后果分析需要的数学模型准确度较高，需要的数据较多，计算复杂，一般仅用于危险性特别大的重大危险源的危险性评价。划分危险等级的方法是一种简单易行，得到广泛应用的方法。划分危险等级是一种相对的评价方法，通过比较危险源的危险性，人为地划分出一些危险等级来区分不同危险源的危险性，为采取危险源控制措施或进行更详细的危险性评价提供依据。一般地，危险等级越高，危险性越高。

采取了危险源控制措施后的危险性评价，可以查明危险源控制措施的效果是否达到了预定的要求。如果采取了控制措施后危险性仍然很高,则需要进一步研究对策,采取更有效的措施降低危险性。

评价危险源控制情况,可以从以下几个方面来考虑:

(1)防止人失误的能力。必须能够防止在装配、安装、检修或操作过程中发生可能导致严重后果的人失误,如单向阀门应不易安反,三线电源插头不能插错等。

(2)对失误后果的控制能力。一旦人失误可能引起事故时,应能控制或限制对象部件或元件的运行,以及与其他部件或元件的相互作用。例如,若按 A 钮起动之前按 B 钮可能引起事故,则应实行联锁,使之先按 B 钮也没有危险。

(3)防止故障传递能力。应能防止一个部件或元件的故障引起其他部件或元件的故障,从而避免事故。例如,电动机电路短路时保险丝熔断,防止烧毁电动机。

(4)失误或故障导致事故的难易。发生一次失误或故障则直接导致事故的设计、设备或工艺过程是不安全的。应保证至少有两次相互独立的失误或故障或一次失误与一次故障同时发生才能引起事故。对于那些一旦发生事故将带来严重后果的设备、工艺必须保证同时发生两起以上的失误或故障才能引起事故。

(5)承受能量释放的能力。应能承受运行过程中偶尔可能产生高于正常水平的能量释放。通常在压力罐上装有减压阀以把罐内压力降低到安全压力,如果减压阀故障,则超过正常值的压力将强加于管路,为使管路能承受高压,必须增加管路的强度或在管路上增设减压阀。

(6)防止能量蓄积的能力。能量蓄积的结果将导致意外的能量释放。因此,应有防止能量蓄积的措施,如安全阀、可熔(断、滑动)连接等。

理想的安全评价包括危险性辨识和危险性评价两部分。危险性辨识是指利用安全系统工程的理论和方法,分析系统及其各要素所固有的安全隐患,揭示系统的各种危险性,亦即通过一定的手段测定、分析和判明危险,包括固有的和潜在的危险,可能出现的新危险以及在一定条件下转化生成的危险,并且对系统中已查明的危险进行定量化处理,从而为评价提供数量依据。

危险性评价是指根据危险性辨识的结果,采取各种措施减少或消除危险,并同既定的安全指标或目标相比较,判明所具有的安全水平,直到达到社会所允许的危险水平或规定的安全水平为止。

2. 安全评价的程序

由安全评价的内容可知,安全评价程序主要包括以下几个步骤:

1)资料收集和研究

明确评价对象和范围,收集国内外相关法规和标准,了解同类系统、设备、设施的运作和事故发生情况,以及评价对象的地理、气候条件及社会环境状况等。对收集到的资料应进行深入研究,研究的深入程度可大大缩短分析和评价的进程。

2)危险因素辨识与分析

根据评价对象的特点,辨识和分析系统可能发生的事故类型、事故发生的原因和机制。

3)确定评价方法,实施安全评价

在上述危险分析的基础上,划分评价单元,根据评价目的和评价对象的复杂程度选择具体的一种或多种评价方法,对事故发生的可能性和严重程度进行定性或定量评价,在此基础上进行危险分级,以确定安全管理的重点。

4)提出降低或控制危险的安全对策措施

根据评价和分级结果,高于标准值的危险必须采取工程技术或组织管理措施,降低或控制危险。低于标准值的危险属于可接受或允许的危险,应建立检测措施,防止生产条件变更导致危险值增加,对不可排除的危险要采取防范措施。

(四)安全评价方法的选用

由于辨识、评价对象不同,工艺、设备设施不同以及事故类型、事故模式等不同,所采用的评价方法是不同的。选用合理的评价方法是一项关键性工作,关系到评价对象的评价结论是否合理、正确和可靠。

安全评价方法很多,几乎每种方法都有较强的针对性。综合分析这些方法,可以分成两类:一种是按评价指标的量化程度分为定性方法、定量方法,以及定性与定量相结合的方法;另一种是按评价对象进行整合,如物质产品、设备安全评价法(如指数法等),安全管理评价法,系统安全综合评价法等。

对具体的评价对象,必须选用合适的方法才能取得良好的评价效果,在选用评价方法之前,应考虑下述几个因素:

(1)评价的目的。选用评价方法之前,首先必须考虑评价结果是否能达到评价的目的和动机。

(2)需要的评价结果表现形式,如危险性一览表、潜在事故情景一览表、危险控制措施一览表、危险分级、定量危险分析数值等。

(3)进行评价时可用的信息资料,如生产活动的技术水平、各种资料的数量和质量、评价对象的复杂程度和规模大小、生产方式、操作方式、固有危险的性质、可能发生的事故类型等。

(4)评价对象已经显现的危险,如事故历史情况、设备新旧情况、运行状况、使用年限、易损件的更换情况、管理的现状等。

(5)可投入评价的技术人员及其素质,评价费用,完成期限,评价专家和管理人员的知识结构及水平等。

在选择评价方法时,除考虑上述的因素外,还要对评价方法可提供的评价结果及其适应范围做进一步分析。实践表明,不同的评价方法适应于对系统寿命期内的不同阶段进行危险评价,表 2.6 和表 2.7 分别给出了几种常用评价方法可以提供的评价结果及其适应的阶段。

表 2.6 典型安全评价方法提供的评价结果

评价方法	事故情况	事故频率	事故后果	危险分级
安全检查表	不能	不能	不能	不能
危险指数法	提供	不能	提供	事故后果分级
预先危险性分析	不能	不能	提供	提供
危险性和可操作性研究	提供	提供	提供	事故后果分级
故障模式及影响分析	提供	提供	提供	事故后果分级

续表2.6

评价方法	事故情况	事故频率	事故后果	危险分级
事故树分析	提供	提供	不能	事故频率分级
事件树分析	提供	提供	提供	提供
概率评价法	提供	提供	提供	提供
作业条件危险性评价法	提供	提供	提供	提供
安全综合评价法	不能	不能	不能	提供

表2.7 典型安全评价方法适用情况

评价方法	方案设计	详细设计	工程施工	日常运营	改建扩建	事故调查	拆除退役
安全检查表	√	√	√	√	√		√
危险指数法	√			√	√		
预先危险性分析	√				√	√	
危险性和可操作性研究		√			√	√	
故障模式及影响分析			√	√	√	√	
事故树分析	√	√			√	√	
事件树分析			√	√	√	√	
概率评价法	√	√	√	√	√	√	
作业条件危险性评价法				√			
安全综合评价法			√	√	√		

（五）安全评价的作用和意义

1. 安全评价体现了"安全第一，预防为主"的方针

为了保障安全生产，必须从预防事故这一根本目的出发，预先或超前对系统在计划、设计、施工、验收、投产和运行等各阶段的安全性进行科学的预测和评估，防止和减少在安全上的欠债和加强安全的投入。安全评价从预防事故的观点出发，对系统可能产生的损失和伤害进行预测和评价，采取有效的手段以实现系统安全的总目标。因此，安全评价是一门控制系统总损失的技术，评价过程提高了安全管理水平，体现了从被动到主动，从事后处理到事前预防，从经验到科学的安全管理方法。

2. 安全评价有助于国家各级安全监察部门对企业安全生产的宏观控制

通过对企业安全状况系统、科学、客观地评价，既可衡量企业固有危险性的大小，又可得出企业安全现状的结论。国家各级监察部门可以以此为依据，按照不同的危险等级和安全现状配备相应的监察力量，使监察工作能够有目的有重点地进行，实现重点和一般相结合，

全面控制企业安全生产的目的。

实行国家监察的目的，是要对企业安全生产实现宏观控制。通过监察发现问题并依法进行处理，以求改变企业的不安全状况，提高安全生产水平。安全评价可以依据标准对企业安全管理、安全技术、安全教育等诸方面的问题作出综合评价，既能了解企业存在的问题，又能客观地对企业安全水平给出结论。安全监察机关就可以以此为依据，对企业依法进行处置，例如依法追究刑事责任、责令停产整顿或采取相应安全措施。而且，一般安全评价标准都附有根据国家科技发展水平能够实现的措施，使企业不仅了解危险的存在，而且明确改进安全状况的措施，达到监察的目的，实现控制的目标。

3. 安全评价有助于保险部门加强对企业灾害实行风险管理

保险部门对企业事故引起的人身伤亡、职业病和财产损失所承担的保障义务是保险业的一项重要内容。随着我国保险业的发展，企业投保也逐渐增多，对企业事故的风险管理必然要纳入议事日程。风险管理应该包括以下内容：保险费的合理收取；风险的控制和事故后的合理赔偿。

保险部门为企业承担灾害事故保险，就要收取保险费，保险费的收取是由企业事故风险的大小决定的。所谓事故风险，就是单位时间内的事故损失。严格讲，保险费的计算应以风险为基准。但目前还不具备这样的条件。因此，可以考虑采用安全评价的结果来计算费率。即综合考虑企业生产过程中危险程度大小和企业对危险的控制能力的高低。

至于风险控制，就是在保险过程中尽量减少灾害事故的发生和减轻灾害事故发生的损失。保险部门为投保户提供灾害风险保险，并不是所有事故都负责赔偿，而是仅在投保户遵守保险部门规定的防灾防损条例、条令、规程、规定的前提下才履行该项义务的。保险公司不仅为此制定若干法规、标准，而且拥有完善的监察投保户执行情况的组织机构。由于我国保险业尚未建立健全这套体制，不能严格控制企业灾害事故的发生。但是，目前完全可借用企业安全评价标准作为企业防灾防损必须遵守的准则（国外的保险条例也有许多等效采用其他安全法规、标准的情况）。另一方面，保险部门还要根据企业对条例的遵守情况和事故的减少幅度，定期返还企业部分保险费，以资鼓励，提高企业防灾防损的自觉性。如果投保企业发生了事故，就存在一个是否应该赔偿以及赔偿多少的问题。解决这个问题的关键也以企业是否遵守保险条例为基础。因此，一个较完善的企业安全评价标准完全可以作为保险部门事故赔偿的准则。总之，安全评价的标准和结果为保险部门对企业实行风险管理提供了经验和数据，对加强风险管理具有现实指导意义。

4. 安全评价有助于提高企业安全管理水平

（1）变事后处理为事前预测预防，使企业安全工作更加科学化。

长期以来，我国大多数企业的安全管理，基本上采用传统管理方法，主要是凭经验管理，即以事故发生后再处理的"事后过程"为主，因而难以实现"安全第一，预防为主"的方针。通过安全评价，可以预先系统地辨识危险性及其变化情况，科学地分析企业的安全状况，及时掌握安全工作的信息，全面地评价企业的危险程度和安全管理现状，衡量企业是否达到规定的安全指标，使企业领导能够作出正确的安全决策。此外，以系统科学为基础的安全评价可以促使企业建立动态的安全信息反馈系统，增强企业安全保障系统的自我调节机能。

（2）变纵向单一管理为全面系统管理，使企业安全工作更加系统化。

以往的安全管理基本上是以企业安全部门和各车间、班组专（兼）职安全人员组成的纵向单一（如安全技术科）管理体制。这样的体制难以实现全面安全，被管理者往往不能和安全人员密切配合，大多处于被动状态，造成安全部门管理安全的孤立局面。安全评价的实施，不仅要评价安全技术部门，而且要全面评价企业各个单位及每一个人应负安全职责的履行情况。这样，就使企业所有部门都按照要求认真评价本系统的安全状况，变被管理者为主动执行者和管理者，而安全部门仅对各职能部门和生产单位是否尽职尽责进行监督检查，使企业安全管理体制与横向到边、纵向到底的安全管理落实机制配套实施和运行。管理范围也可以从单纯生产安全扩大到企业各系统的人、机、料、法、环等各因素、各环节的安全。这样，就可以使安全管理实现全员、全面、全过程的系统化管理。

（3）变盲目管理为目标管理，使企业安全工作逐步标准化。

以往的安全管理缺乏统一的标准，安全人员仅凭自己的经验、主观意志和思想觉悟办事。往往是不出事故就认为安全工作出色，出了事故就惊慌失措、对安全工作全盘否定，缺乏衡量企业安全的客观指标和标准。通过按评价标准进行安全评价，使安全技术干部和全体职工明确各项工作的规范要求，达到什么地步就可称安全以及采取什么手段可以达到指标。有了标准，就可以使安全工作有明确的追求目标，从而使日常安全管理工作纳入标准轨道。

（4）安全评价可以为企业领导的安全决策提供必要的科学依据。

要改变企业的安全状况，提高企业的安全生产水平，就必须采取相应的安全措施，这就涉及安全投资的问题。对所有安全工程项目，不仅要考虑改善工作条件，保护职工健康与安全，也要考虑它的经济效益。因为安全工作也是企业经济活动的一部分。因此要认真对待安全投资的经济性和合理性问题。安全评价不仅系统地确认危险性，还要进一步考虑危险性发展为事故的可能性大小和事故损失的严重程度，进而计算单位时间事故造成的损失（即风险）。以此说明系统危险可能造成的负效益的大小，以便合理地选择控制事故的措施、措施投资的多少，使投资和可能减少的负效益达到平衡，正确选择技术路线和工艺路线，为领导决策提供科学依据，使系统达到社会认可的安全指标。

二、安全影响要素分析

随着大规模高速铁路的投资建设，安全成为高铁发展中最首要的问题。影响高速铁路安全的因素很多，它们对高速列车的安全运行都有举足轻重的影响。

（一）机车自身因素

机车自身因素主要与机车车辆自身设计制造有关，无论在设计还是生产制造中出现问题都对高速铁路的安全有重要影响。

1. 高速传动技术的影响

内燃机车、电力机车等传统传动系统只适合于中小功率、中低速度的铁路运输，高速铁路机车的传动系统必须向功率大、质量轻、体积小、可靠性高和低成本的方向发展。先进的大功率电力牵引传动系统是高速列车的核心技术,是保证高速列车高速安全运行的关键。

2. 高速转向架的影响

高速列车轮轨动作引力加大,轮轨粘着快速降低,制动功率需要增加,为保证行车安全,高速转向架需达到更高要求:具有良好的高速运行平稳性;具有良好的横向性,不允许发生蛇形失稳;保证良好的曲线通过能力;尽可能使转向架结构轻量化,减少轮对簧下质量,降低轴重。

3. 高速制动技术的影响

高速列车制动作用时间、制动能量、制动力和减速度远大于普通列车,高速列车制动技术必须解决列车动能的快速转换和能量消耗问题,在粘着允许的条件下,做到高速列车的可靠制动停车或降速。为此可采用微机控制电气指令,优化控制制动过程;对制动力进行合理分配;减少车辆间制动力的差别,以缓和车辆间纵向动力作用,增加乘客和乘务员的舒适性。

4. 高速车体技术的影响

高速列车车体方面的因素包括车体的轻量化、优良的气动外形和车体的密封程度。

(1)车体的轻量化主要着眼于降低轴重。轨道的承重有限,列车速度越高对轨道的冲击力越大,钢轨磨耗和损伤越大,甚至毁坏线路酿成事故。我国严格规定高速列车轴重随速度的增高而降低。

(2)高速列车与空气的动力作用加剧,运行阻力增大,因此高速列车必须具有完善的气动外形:具有细长而流线型的头尾部,平滑、光顺的车体表面,在车体底部和顶部设有流线型整流罩,以降低高速列车的压差阻力、表面摩擦阻力、气动阻力。

(3)高速列车在隧道中运行时,由于活塞效应,列车头部承受的正压力,尾部承受的负压力,中部承受的列车与隧道壁间的空气摩擦阻力要比在空旷地区大数倍,在隧道内交会时情况更为严重。为使车内压力保持稳定,同时降低车内噪声,高速列车车体、门窗必须保持密封,车厢间连接装置采用弹性内风挡,通向通过台的内端门为自动门,以保持密封状态。

(二)轨道及设施因素

1. 无砟轨道

高速铁路轨道要求高平顺性和高稳定性,高速铁路全线铺设无砟轨道,这是高速列车高速安全运行的支撑条件。为保障列车平稳高速运行,无砟轨道对路基的沉降控制以 mm 为单位。在基建过程中,无砟轨道施工精度要求高。在运行过程中,高铁定期开出动检列车,用红外探测仪和激光三维定位技术检测线路轨道状态,对高速铁路进行全面"诊脉",确保轨道的安全。

2. 可靠的供电系统

高速列车上方伸出的受电弓从铁路上方架设的接触网取得高压电流,如同人身上的血液一般,源源不断地给高速列车提供运行动力。一旦出现供电故障,对列车会产生很大的冲击,列车将无法运行。

高速铁路的供电系统可靠性高,采用两路电,拥有备用装置,一旦线路出现故障,电脑会瞬间启动备用装置,保证供电正常。远动控制装备检测故障发生地,维管系统迅速跟进抢修。综合视频监控系统防御自然灾害及外界侵入物对供电系统的破坏。

3. 高精度的运营控制系统

高速铁路最小行车间隔为 3 min,行车速度高、密度大,一旦出现列车冒进和追尾等,后果严重。在软件装备上,集行车控制、调度指挥、信息管理、设备监测、故障检测于一体的先进运营控制系统,是确保高铁实现高速度、高密度的中枢神经。我国高速铁路列车采用世界先进列控系统,在驾驶室显示屏上司机能看到前方 32 km 的路况信息,系统监控列车运行速度,自动调整列车间追踪间隔,避免追车撞车事件的发生,检测到任何可能影响列车安全运营的因素,立即自动采取设备切换、降级运行、减速停车等措施,及时防止发生灾难性后果。

(三)工作人员因素及其他因素

1. 工作人员因素

在高速铁路安全生产和运营中,各项规章制度和措施最终要落实到工作人员身上。工作人员的管理是高速铁路安全的核心。应严格进行工作人员的教育与培训、安全法令法规管理、安全作业标准管理及设施设备安全技术标准管理,保障高速铁路运营的安全。

2. 自然灾害侵袭

中国地域辽阔,高铁线路贯穿南北,必然会受到自然灾害侵袭。应建立安全、可靠、实时、准确的防灾安全监控系统,制定科学有效的预警机制和应急预案,在灾害发生前或发生后及时控制运行列车减速或停车,使自然灾害破坏力降至最小或避免灾害发生。

3. 其他因素

高铁全线封闭式运行,应严令禁止非法人员破坏入侵,通过视频监控系统全线监控,配合人员巡逻,防止非法人员的侵入,并通过视频监控路基、路口、桥梁、隧道、公跨铁、咽喉区,防御落物、坍塌,确保运行安全。在建设过程中,设置崩塌、落物防护监测网,主动防御落物。

安全是高速铁路的生命线。高速铁路的安全涉及建设、运营管理、指挥调度的方方面面,每个要素都决定着高铁安全的成败。要贯彻主动安全意识,保证建设的每个环节安全,同时对基础设施、环境、车站等进行全面状态监控,形成一个覆盖从基础设施到运营管理全过程的安全保障体系,确保高铁安全稳定,高速畅通运行。

三、安全评价指标体系的构建

(一)指标体系构建的原则

安全评价的核心问题是确定评价指标体系。指标体系是否科学、合理,直接关系到安全评价的质量。为此,指标体系必须科学地、客观地、合理地、尽可能全面地反映影响系统安全的所有因素。但是,要建立一套既科学又合理的安全评价指标体系,却是一个非常困难的问题。为此必须按照一定的原则去分析和判断,才有可能较好地解决这一难题。

1. 目的性原则

指标体系要紧紧围绕改进系统安全这一目标来设计,并由代表系统安全各组成部分的典型指标构成,多方位、多角度地反映系统的安全水平。

2. 科学性原则

指标体系结构的拟定、指标的取舍、公式的推导等都要有科学的依据。只有坚持科学性的原则,获取的信息才具有可靠性和客观性,评价的结果才具有可信性。

3. 系统性原则

指标体系要包括系统安全所涉及的众多方面,使其成为一个系统:

(1) 相关性——要运用系统论的相关性原理不断分析,而后,组合设计安全评价指标体系。

(2) 层次性——指标体系要形成阶层性的功能群,层次之间要相互适应并具有一致性,要具有与其相适应的导向作用,即每项上层指标都要有相应的下层指标与其相适应。

(3) 整体性——不仅要注意指标体系整体的内在联系,而且要注意整体的功能和目标。

(4) 综合性——指标体系的设计不仅要有反映事故状况的指标,更重要的是要有反映隐患的指标,事前与事后综合,不同时期(历史、现状、将来)综合才能更为客观和全面。

4. 可操作性原则

指标的设计要求概念明确、定义清楚,能方便地采集数据与收集情况,要考虑现行科技水平,并且有利于系统安全的改进。而且,指标的内容不应太繁太细,过于庞杂和冗长,否则会给评价工作带来不必要的麻烦。

5. 时效性原则

指标体系不仅要反映一定时期系统安全的实际情况,而且还要跟踪其变化情况,以便及时发现问题,防患于未然。此外,指标体系应随着社会价值观念的变化不断调整,否则,可能会因不合时宜而导致决策失误或非优。

6. 政令性原则

指标体系的设计要体现我国安全生产的法律、方针和政策,以便通过评价,引导运输企业贯彻执行"安全第一,预防为主"的方针以及部门安全生产的规章制度。

7. 突出性原则

指标的选择要全面,但应该区别主次、轻重,要突出当前带全局性而又极为关键的安全问题,以保证重点和集中力量控制住那些发生频率高、后果严重的事件。

8. 可比性原则

指标体系中同一层次的指标,应该满足可比性的原则,即具有相同的计量范围、计量口径和计量方法，指标取值宜采用相对值，尽可能不采用绝对值。这样使得指标既能反映实际情况，又便于比较优劣，查明安全薄弱环节。

9. 定性与定量相结合的原则

指标体系的设计应当满足定性与定量相结合的原则，即在定性分析的基础上，还要进行量化处理。只有通过量化，才能较为准确地揭示事物的本来面目。对于缺乏统计数据的定性指标，可采用评分法，利用专家意见近似实现其量化。

（二）指标体系的结构

指标体系的结构，是指形成指标组合的逻辑关系和表达形式结构。依靠科学的结构，分散的指标才能排列组合成系统，真实地描述系统安全的安全状况。

由于安全与事故是对立的，但事故并非不安全的全部内容，事故只是在安全与不安全一对矛盾斗争过程中某些瞬间突变结果的外在表现形式。在"无事故"的背后，可能还有许多违章、冒险、故障（缺陷）等不安全因素存在，只是未出事故罢了。因此，单纯的事故指标并不足以表征系统的全部安全状况。

隐患指标是从系统的整体出发，对系统的人员、设备、环境、管理等进行的安全综合评价。隐患指标充分体现了事前安全的思想，即预防事故在其发生之前。隐患指标由于综合考虑了影响系统安全的所有因素，可以较为全面地反映系统的潜在危险性。但是，由于人们在安全问题认识上的局限性与滞后性，在指标的设置、指标的计量以及对指标重要性的认识等方面难以完全做到科学和客观。换言之，隐患指标虽然在理论上可以较为全面地反映系统的安全性，但在实际应用过程中难免存在偏差，因而必须要以表征系统运行特性的事故指标作为基础。

事故指标与隐患指标相结合，既考察了系统在一定时期内实际安全绩效，又考察了系统要素及其组合中的安全隐患，可以避免单用一类指标评价的片面性，能够较为全面正确地反映系统的安全状况。

通过对铁路运输安全影响因素的分析可知，铁路运输安全评价体系应由多因素、多指标构成。为保证综合评价模型的稳定性和评价精度，减少信息重叠，避免反复评价，简化实际评价工作，采用因子分析的方法构建评价指标体系。

因子分析是研究相关矩阵的内部依赖关系，将多个变量综合为少数几个抽象的因子，以再现原始变量与因子之间的相关关系。首先通过因子分析将初步选择的项目指标综合为少数几个因子；然后，依据初步选择的项目指标与因子之间的相关关系及这些指标对安全评价的影响程度，筛选铁路运输安全的指标体系。

运用因子分析方法，首先确定铁路运输安全评价体系，如图 2.6 所示；其次，逐层分析各指标体系，如图 2.7~2.11 所示。

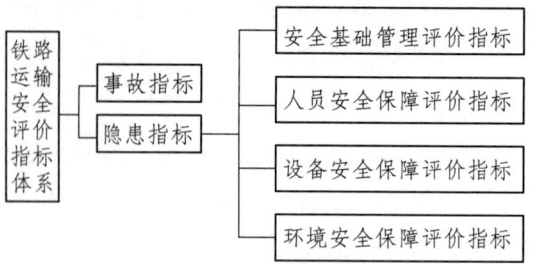

图 2.6 铁路运输安全评价指标体系

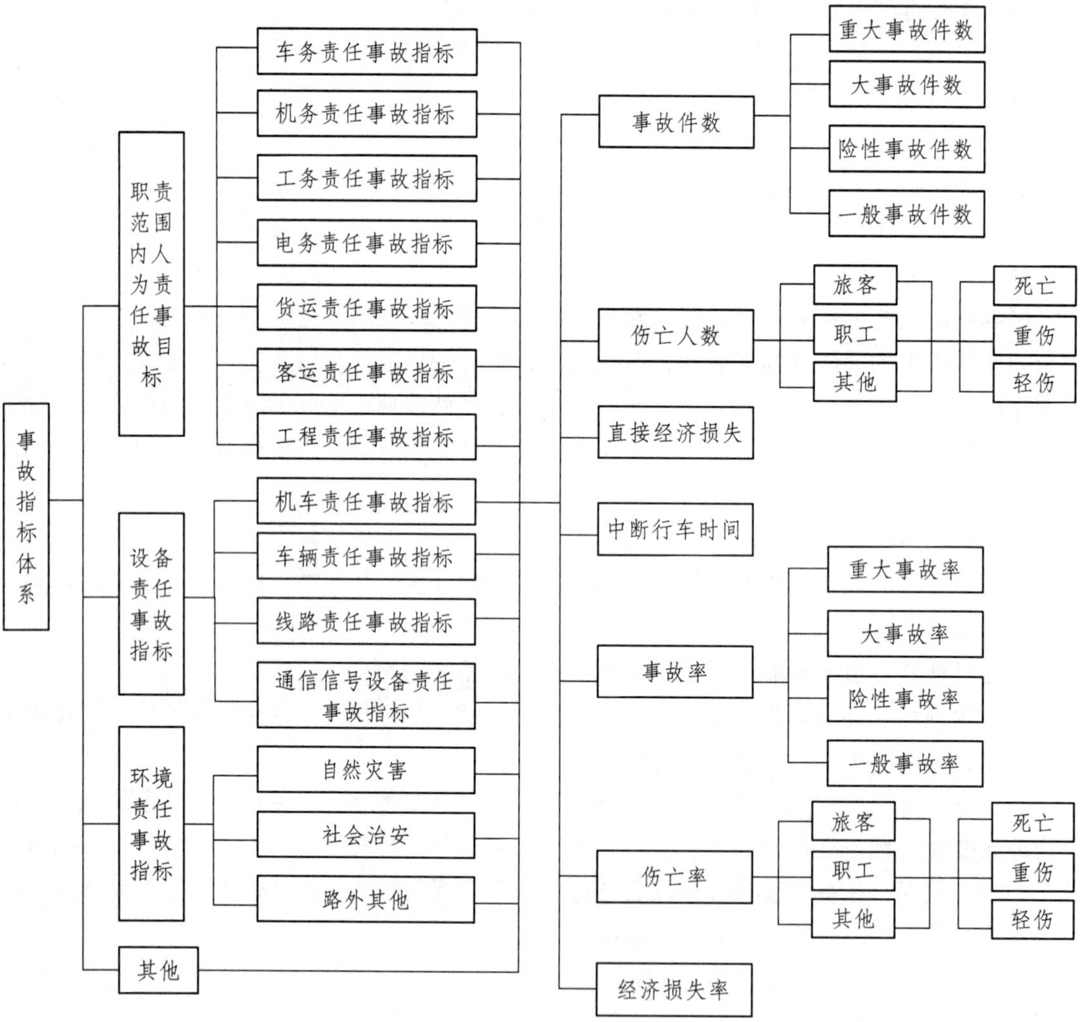

图 2.7 事故指标体系

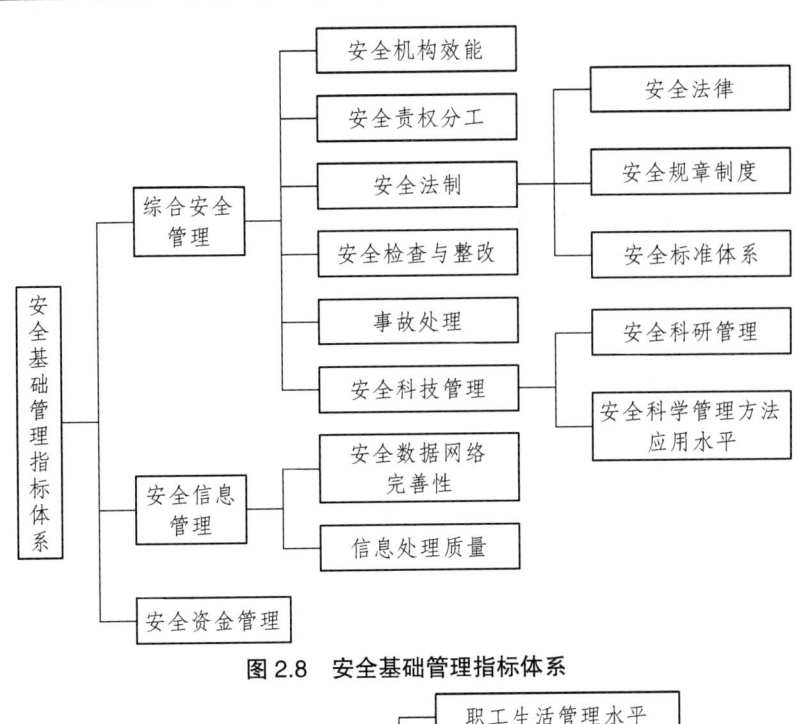

图 2.8 安全基础管理指标体系

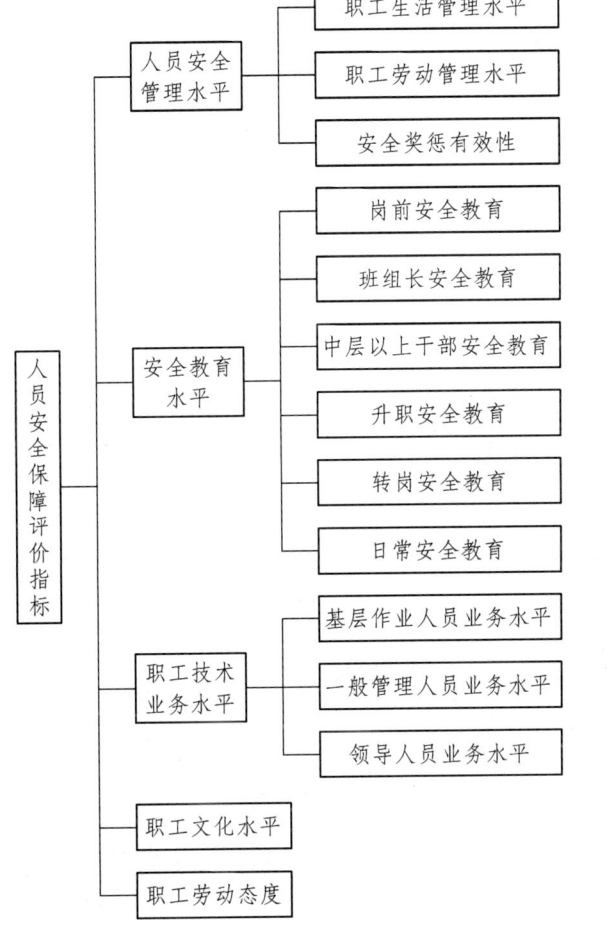

图 2.9 人员安全保障评价指标

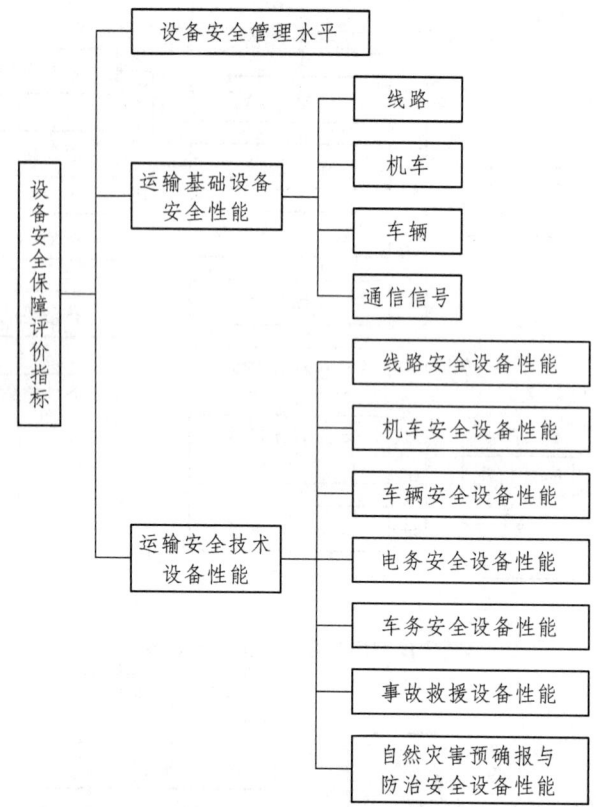

图 2.10 设备安全保障评价指标

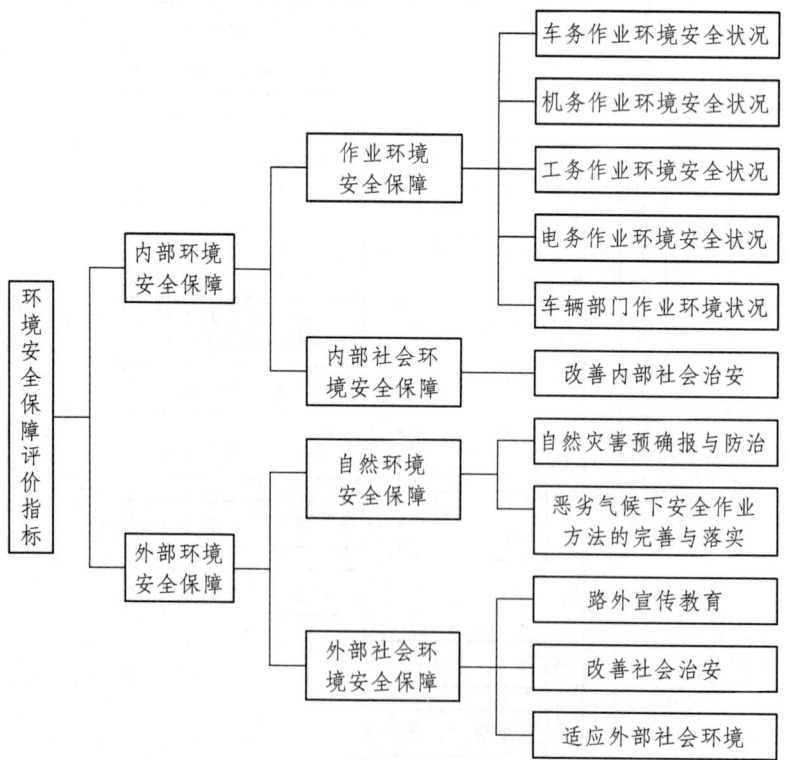

图 2.11 环境安全保障评价指标

四、安全评价方法

迄今为止,在安全系统工程领域已经研究出了数十种安全评价方法,它们适用于不同的系统和不同的对象。其中,适合于高速铁路系统安全运营各阶段安全评价的方法主要有:

1. 专家评估法

专家评估法可以说是安全系统工程领域最为基础的方法,迄今仍然广泛应用。在高速铁路安全评价中,尤其是针对人员因素和管理体制对运输安全影响的分析,由于安全隐患难以从书面材料中识别,专家咨询评估方法仍然必不可少。

专家评估法包含评分法、表决法和安全检查表法等,其中使用较为普遍的是安全检查表(SCL)法。其主要思想是事先把检查对象加以分解,将大系统分割成若干小的子系统,以提问或打分的形式,将检查项目列表逐项检查,以查找系统中各种元件、部件、设备、设施、物料、工件、操作、人员、管理和组织措施中的危险、有害因素,并逐项进行分析,对存在安全隐患的部分提出整改意见和措施。

2. 预先危险性分析(PHA)

在高速铁路项目实施之前,为实现系统安全而对系统进行初步或初始的分析,包括设计、型式实验、生产或施工前,首先对系统中存在的危险性类别、出现条件、导致故障(或事故)的后果进行分析,其目的是识别系统中的潜在危险,确定其危险等级,防止危险发展成故障(或事故)。

预先危险性分析可以达到以下目的:大体识别与系统有关的主要危险;鉴别产生危险的原因;预测故障(或事故)发生对人员和系统的影响;判别危险等级,并提出消除或控制危险性的对策措施。

预先危险性分析方法通常用于对潜在危险了解较少和无法凭经验觉察的项目初期阶段,可用于高速铁路可行性论证、初步设计或设备、装置的研究和开发阶段。

3. 故障类型和影响分析(FMEA)

根据高速铁路系统可以划分为子系统、设备和元件等评估单元的特点,按实际需要将系统进行分割,然后分析各自可能发生的故障类型及其产生的影响,以便采取相应的对策,提高系统的安全可靠性。

列出设备的所有故障类型对高速铁路系统的影响因素,这些故障类型对设备故障进行描述,故障类型的影响由其对设备故障的系统影响确定。FMEA分析可直接导出故障(或事故)或对故障(或事故)有重要影响的单一故障类型,辨识单一设备和系统的故障类型及每种故障类型对系统或装置造成的影响。这时,评估人员通常提出增加设备可靠性的建议,进而提出安全对策。

4. 事件树分析(ETA)

事件树分析法是用来分析普通设备故障或过程波动(称为初始事件)导致故障(或事故)发生的可能性。

故障(或事故)是典型设备出现非正常状态或操作异常引发的结果。事件树可提供记录故障（或事故）后果的系统性的方法，并能确定导致事件后果与初始事件的关系。

事件树分析适合用来分析那些产生不同后果的初始事件。事件树强调的是故障（或事故）可能发生的初始原因以及初始事件对事件后果的影响。事件树的每一个分支都表示一个独立的故障（或事故）序列。对一个初始事件而言，每一个独立故障（或事故）序列都清楚地界定了安全功能之间的关系。

5. 故障树分析（FTA）

故障树能对各种系统的危险性进行识别评价，既适用于定性分析，又能进行定量分析。FTA 具有简明、形象化的特点，体现了以系统工程方法研究安全问题的系统性、准确性和预测性。FTA 作为安全分析、评价和故障（或事故）预测的一种先进的科学方法，不仅能分析出故障（或事故）的直接原因，而且能进一步提示故障（或事故）的潜在原因。因此在工程或设备的设计阶段、在故障（或事故）查询或编制新的操作方法时，都可以使用 FTA 对它们的安全性作出评价。

与事件树分析不同，故障树分析使用演绎法，而事件树分析采用的是归纳法。

6. 数值分析

数值分析也是最常用、最基础的技术分析方法。即根据对系统的测量、检验、试验和观测数据，进行必要的计算和仿真分析，根据其结果对系统是否满足要求作出初步的、基本的判断。

7. 其他方法

高速铁路安全评估方法还包括模糊数学法、灰色聚类法和人工神经网络等。

模糊数学法和灰色聚类法均考虑到复杂系统安全的灰色性，但当危险因素分布过于离散时，由于白化函数（隶属函数）包含的因素范围窄，就有可能导致评价错误。可考虑采用等斜率灰色聚类法进行分析评价。它是在灰色聚类的基础上加以改进，以等斜率方式构造白化函数，较大地拓宽了白化函数的范围，并用修正系数对白化函数进行修正，可以保证在分级标准值处相邻两级白化函数相同，避免了边界值附近的误判现象，使评价结果更为合理。

人工神经网络法是利用现代计算机技术，采用计算机辅助分析和人工神经网络的理论对系统进行安全性分析。

第四节　安全管理方法

一、安全管理计划方法

安全管理计划是将安全管理决策层确定的安全管理活动的目标具体化，并谋求安全管理系统的外部环境、内部条件、决策目标三者之间在动态上的平衡，实现安全管理决策所确定的各项安全目标。因此，计划职能在安全管理活动中具有十分重要的地位，它是企业安全管理活动的中心环节。

（一）安全管理计划的含义

一般来说，"计划"是对未来一定时期内的全面工作或某项工作提出指标、要求、措施、步骤、期限的文种。它是科学管理中的主要环节，是搞好管理工作的基础，是宏观控制的依据，是获得最佳成效的途径。决策部门的领导者可以凭此统筹全局，纵横协调，综合平衡，理顺关系，减少盲目性，增强预见性，合理安排人力、财力、物力，以低消耗取得高效益，从而取得领导、指挥群众去实现计划目标的主动权。"计划"一词早已有之，它具有以下3个明显的特征：必须与未来有关、必须与行动有关、必须由某个机构负责实施。

安全管理计划成为一种安全管理职能，是由下列原因决定的：首先，安全生产活动作为人类改造自然的一种有目的的活动，需要在安全工作开始前就确定安全工作的目标；其次，安全活动必须以一定的方式消耗一定质量和数量的人力、物力和财力资源，这就要求在安全活动前对所需资源的数量、质量和消耗方式做出相应的安排；再次，企业安全活动本质上是一种社会协作活动，为了有效地进行协作，必须事先按需要安排好人力资源，并把人们的行动相互协调起来，为实现共同的安全生产目标而努力工作；最后，企业安全活动需要在一定的时间和空间中展开，为了使之在时间和空间上协调，必须事先合理地安排各项安全活动的时间和空间。如果没有明确的安全管理计划，安全生产活动就没有方向，人、财、物就不能合理组合，各种安全活动的进行就会出现混乱，活动结果的优劣也没有评价的标准。

（二）安全管理计划的内容

由于各行各业的工作性质不同，承担的任务和完成任务的主客观条件不一样，因此计划有大有小，内容有详有略，有的相当完备，有的十分简单。但是，安全管理计划必须具备以下三个要素。

1. 目　标

目标是安全管理计划的灵魂，安全管理计划就是为完成安全工作任务而制定的。安全工作目标是安全管理计划产生的导因，也是安全管理计划的奋斗方向。没有努力方向，没有要求和指标，就没有必要制订计划。因此，制定安全管理计划前，要分析研究安全工作现状，并明确无误地提出安全工作的目的和要求，以及提出这些要求的根据，使安全管理计划的执行者事先就知道安全工作未来的结果。

2. 措　施

过河必先有桥。有了既定的安全工作任务，还必须有完成任务的措施和方法，这是实现安全管理计划的保证。措施和方法主要指达到既定安全目标需要什么手段，动员哪些力量，创造什么条件，排除哪些困难。如果是集体的计划，还要写明某项安全任务的责任者，便于检查监督，以确保安全管理计划的实施。

3. 步　骤

步骤即工作的程序和时间的安排。而在实施当中，又有轻重缓急之分，哪是重点、哪是非重点，应有个明确的认识。因此，在制定安全管理计划时，有了总的时限以后，还必须有每一阶段的时间要求，人力、物力、财力的分配使用，使有关单位和人员知道在一定的时间内，一定的条件下，把工作做到什么程度，以争取主动协调进行，这是安全管理计划的主要内容。

安全管理计划的三个要素在具体制定时，首先要说明安全任务指标。至于措施、步骤、责任者等，应根据具体情况而定。可分开说明，也可在一起综合说明，还可以有分有合地说明。但是，不论哪种编制方法，都必须体现出这三个要素。

三个要素是安全管理计划的主体部分。除此以外，每份计划还要包括以下内容：一是确切的、一目了然的标题，把安全管理计划的内容和执行计划的有效期体现出来；二是安全管理计划的制订者和制订计划的日期；三是有些内容需要用图表来表现，或者需要用文字说明的，还可以把图表或说明附在计划正文后面，作为安全管理计划的一个组成部分。

（三）安全管理计划的形式

企业安全管理计划的形式是多种多样的，它可以从不同的角度，按照一定的序列进行分类，从而形成一个完整的计划体系。这个计划体系如果按时间/N序来划分，可分为长期计划、中期计划和短期计划；按计划的内容可分为企业安全生产发展计划、企业安全文化建设计划、安全教育发展计划、隐患整改措施计划、班组安全建设计划等；按计划的性质可分为安全战略计划、安全战术计划；按计划的具体化程度可以分为安全目标、安全策略、安全规划、安全预算等；按计划管理形式和调节控制程度的不同可分为指令性计划、指导性计划等。

1. 长期、中期和短期安全管理计划

1）长期安全管理计划

长期安全管理计划的期限一般在10年以上，又可称为长远规划或远景规划。长期安全管理计划期限的确定主要考虑以下因素：第一，为实现一定的安全生产战略任务大体需要的时间；第二，人们认识客观事物及其规律性的能力、预见程度，制定科学的计划所需要的资料、手段、方法等条件具备的情况；第三，科技的发展及其在生产上的运用程度等。

长期安全管理计划一般只是纲领性、轮廓性的计划，它只有一个比较粗略的远景规划设想。由于计划的期限较长，不确定的因素较多，况且有些因素人们事先也难以预料，因此，它只能以综合性指标和重大项目为主，还必须有中、短期计划来补充，把计划目标加以具体化。

2）中期安全管理计划

中期安全管理计划的期限一般为5年左右，由于期限较短，可以比较准确地衡量计划期各种因素的变动及其影响。所以，在一个较大系统中，中期计划是实现安全管理计划的基本形式。它一方面可以把长期的安全生产战略任务分阶段具体化；另一方面又可为年度安全管理计划的编制提供基本框架，因而成为联系长期计划和年度计划的桥梁和纽带。随着计划工作水平的提高，五年计划也应列出分年度的指标，但它不能代替年度计划的编制。

3）短期安全管理计划

短期安全管理计划包括年度计划和季度计划，以年度计划为主要形式，它是中、长期安全管理计划的具体实施计划和行动计划。它根据中期计划具体规定本年度的安全生产任务和

有关措施，内容比较具体、细致、准确；有执行单位，有相应的人力、物力、财力的分配，为贯彻执行提供了可能，为检查计划的执行情况提供了依据，从而使中、长期安全管理计划的实现有了切实的保证。

长期、中期、短期计划的有机协调和相互配套，是企业生存和发展的保证。在安全生产实践过程中，一般的经验是，长期计划可以粗略一些，弹性大一些，而短期计划则要具体、详细些。同时，还应注意编制滚动式计划，以解决好长计划与短计划之间的协调问题。

2. 高层、中层、基层安全管理计划

1）高层计划

高层安全管理计划是由高层领导机构制定并下达到整个组织执行和负责检查的计划。高层安全管理计划一般是战略性的计划，它是对本组织有关重大的、带全局性的、时间较长的安全工作任务的筹划。比如远景规划，就是对较大范围、较长时间、较大规模的工作的总方向、大目标、主要步骤和重大措施的设想蓝图。这种设想蓝图虽然有重点部署和战略措施，但并不具体指明有关的工作步骤和实施措施，虽然有总的时间要求，但并不提出具体的、严格的工作时间表。这种远景规划和战略措施全国有、地区有、一个企业也有。全国和地区的一般叫发展战略，企业单位的一般叫经营战略。

2）中层计划

中层安全管理计划是中层管理机构制定、下达或颁布到有关基层执行并负责检查的计划。中层计划一般是战术或业务计划。战术或业务计划是实现战略计划的具体安排，它规定基层组织和组织内部各部门在一定时期需要完成什么、如何完成，并筹划出人力、物力和财力资源等。

3）基层计划

基层安全管理计划是基层执行机构制定、颁布和负责检查的计划。基层计划一般是执行性的计划，主要有安全作业计划、安全作业程序和规定等。基层计划的制定首先必须以高层计划的要求为依据，保证高层计划或战略计划的实现。同时，基层计划还应在高层计划许可的范围内，根据自身的条件和客观情况的变化灵活地作出安排。

总之，高层计划、中层计划和基层计划三者既有联系，又有区别，它们应在统一计划、分级管理的原则下，合理划分管理权限，做到"管而不死，活而不乱"。

3. 指令性和指导性安全管理计划

1）指令性计划

指令性计划是由上级计划单位按隶属关系下达，要求执行计划的单位和个人必须完成的计划。其特点如下：

（1）强制性。凡是指令性计划，都是必须坚决执行的，具有行政和法律的强制性。

（2）权威性。只要以指令形式下达的计划，在执行中就不得擅自更改变换，必须保证完成。

（3）行政性。指令性计划主要是靠行政办法下达指标完成。

（4）间接市场性。指令性计划也要运用市场机制，但是，市场机制是间接发生作用的。由此可见，指令性计划只能限于重要的领域和重要的任务，而不能范围过宽。否则，不利于调动基层单位的安全生产积极性。

2）指导性计划

指导性计划是上级计划单位只规定方向、要求或一定幅度的指标，下达隶属部门和单位

参考执行的一种计划形式。在市场经济条件下，大部分都是指导性计划。这种计划具有以下特点。

（1）约束性。指导性计划不像指令性计划那样具有法律强制性，只有号召、引导和一定的约束作用，并不强行要求下属接受和执行。

（2）灵活性。指导性计划指标是粗线条的，有弹性的，给下属单位以灵活活动的余地。

（3）间接调节性。指导性计划主要通过经济杠杆、沟通信息等手段来实现上级计划目标的。

（四）安全管理计划的作用

计划作为企业安全生产管理的职能，已经有很长的历史。计划在安全管理中的作用，主要表现在以下三个方面。

（1）安全管理计划是安全决策目标实现的保证。

安全管理计划是为了具体实现已定的安全决策目标，而对整个安全目标进行分解、计算并筹划人力、财力、物力，拟订实施步骤、方法和制定相应的策略、政策等一系列安全管理活动。任何安全管理计划都是为了促使实现某一个安全决策目标而制定和执行的。安全管理计划的一个重要功能就是把注意力时刻集中于安全决策目标，如果没有计划，实现安全目标的行动就会成为一堆杂乱无章的活动，安全决策目标就很难实现。由于安全管理计划能使安全决策目标具体化，为组织或个人在一定时期内需要完成什么、如何完成提出切实可行的途径、措施和方法，并筹划出人力、财力、物力资源等，因而能保证安全决策目标的实现。

（2）安全管理计划是安全工作的实施纲领。

任何安全管理都是安全管理者为了达到一定的安全目标对管理对象而实施的一系列的影响和控制活动，这些活动包括计划、组织、指挥、控制等。安全管理计划是安全管理过程的重要职能，是安全工作中一切实施活动的纲领。只有通过计划，才能使安全管理活动按时间、有步骤地顺利进行。因此，离开了计划，安全管理的其他职能的作用就会减弱甚至不能发挥，当然也就难以进行有效的安全管理。

（3）安全管理计划能够协调、合理利用一切资源，使安全管理活动取得最佳效益。

当今时代，由于社会生产力的发展，各行各业以及它们内部的各个组成部分之间分工协作严密，生产呈现出高度社会化。在这种情况下，每一项活动中任何一个环节如果出了问题，就可能要影响到整个系统的有效运行。因此，必须统筹安排、反复平衡、充分考虑相关因素和时限，使安全管理计划工作能够通过经济核算，合理地利用企业的人力、物力和财力资源，有效地防止可能出现的盲目性和紊乱，使企业安全管理活动取得最佳的效益。

在市场经济条件下，计划作为安全管理重要职能的地位不能削弱。我们应当区别"计划管理"与"计划经济"是两个不同的概念。计划管理是指对任何事情或工作都要有计划、有步骤、有重点地统筹合理的安排，使之顺利地达到预定目标，因此这种管理是任何时候都必须强调和加强的。而计划经济是指否定商品货币的存在，排斥价值规律和市场调节作用的一种经济体制。这种体制看起来强调计划的重要性，但没有把计划建立在客观现实的基础上，因而具有很大的主观随意性。

（五）安全管理计划的编制与修订

1. 安全管理计划编制原则

安全管理计划是主观的东西，计划制定的好坏，取决于它和客观相符合的程度。为此，在安全管理计划的编制过程中，必须遵循一系列的原则。这些原则如下：

1）科学性原则

所谓科学性原则，是指企业所制定的安全管理计划必须符合安全生产的客观规律，符合企业的实际情况。只有这样，才有理由要求各部门、各单位主动地按照计划的要求办事。相反，如果安全管理计划不科学，甚至从根本上违背安全生产的客观规律，那么，这样的计划就很难被人接受，即使通过某些强制的方法和手段贯彻下去，也很难实现计划的目标。因此，这就要求安全管理计划编制人员必须从企业安全生产的实际出发，深入调查研究，掌握客观规律，使每一项计划都建立在科学的基础之上。

2）统筹兼顾的原则

统筹兼顾的原则就是指在制定安全管理计划时，不仅要考虑到计划对象系统中所有的各个构成部分及其相互关系，而且还要考虑到计划对象和相关系统的关系，按照它们的必然联系，进行统一筹划。这是因为安全管理计划的目的是通过系统的整体优化实现安全决策目标，而系统整体优化的关键在于系统内部结构的有序和合理，在于对象的内部关系与外部关系的协调。

首先，要处理好重点和一般的关系。在安全生产和生产经营中，有的环节、有的项目关系到企业发展的全局，具有战略意义。对于这些重点，要优先保证它的发展。但是也不能只顾重点忽视其他，没有非重点的发展，就不会有重点的发展。

其次，要处理好简单再生产和扩大再生产与安全生产的关系。社会化大生产是以扩大再生产为特征的，但是扩大再生产不能离开简单再生产孤立进行，扩大再生产更不能离开安全生产，否则就失去了前提和基础，失去了扩大再生产的条件。因此，在对财力、物力、人力进行分配时，既要满足简单再生产的需要，又要满足适当的扩大再生产的需要，还必须要满足安全生产的需要。

再次，要处理好国家、地方、企业和职工个人之间的关系。按照统筹兼顾的原则，一方面要保证国家的整体利益和长远利益，强调局部利益服从整体利益，眼前利益服从长远利益；另一方面又要照顾到地方、企业和职工个人的利益。只有这样，才能调动各方面的安全生产积极性。

3）积极可靠的原则

积极可靠的原则指制定安全管理计划指标一是要积极，凡是经过努力可以办到的事，要尽力安排，努力争取办到；二是要可靠，计划要落到实处，而确定的安全管理计划指标，必须要有资源条件作保证，不能留有缺口。坚持这一原则，把尽力而为和量力而行正确结合起来，使安全管理计划既有先进性，又有科学性，保证生产、安全、效益持续、稳定、健康地发展。

4）留有余地原则

留有余地原则即所说的弹性原则，是安全管理计划在实际安全管理活动中的适应性、应变能力和与动态的安全管理对象一致的性质。计划留有余地，包括两方面的内容：一是指标不能定得太高,否则经过努力也达不到,既挫伤计划执行者的积极性,又使计划容易落空;二是资金和物资的安排、使用留有一定的后备,否则难以应付突发事件、自然灾害等不测情况。应当看到,任何计划都只是预测性的,在计划的执行过程中,往往会出现某些人们事先预想不到或者无法控制的事件,这将会影响到计划的实现。因此,必须使计划具有弹性和灵活的应变能力,以便及时适应客观事物各种可能的变化。

5)瞻前顾后的原则

瞻前顾后的原则是指在制定安全管理计划时,必须有远见,能够预测到未来发展变化的方向,同时又要参考以前的历史情况,保持计划的连续性。为实现安全管理计划的目标,合理地确定各种比例关系。从系统论的角度来说,也就是保持系统内部结构的有序和合理。所以,作计划时,必须对计划的各个组成部分、计划对象与相关系统的关系进行统筹安排。其中,最重要的就是保持任务、资源与需求之间,局部与整体之间,目前与长远之间的平衡。

6)群众性原则

安全管理计划工作的群众性原则,是指在制定和执行计划的过程中,必须依靠群众、发动群众、广泛听取群众意见。要通过各种形式向群众讲形势、讲任务、提问题、指关键、明是非;要放手发动群众,揭矛盾、找差距、定措施。只有依靠职工群众的安全生产经验和安全工作聪明才智,才能制定出科学、可行的安全管理计划,也才能激发职工的安全积极性,自觉地为安全目标的实现而奋斗。

2. 安全管理计划编制的程序

1)调查研究

编制安全管理计划必须弄清计划对象的客观情况,这样才能做到目标明确,有的放矢。为此,在计划编制之前,首先必须按照计划编制的目的要求,对计划对象中的各个有关方面进行现状的和历史的调整,全面积累数据,充分掌握资料。在调查中,一方面要注意全面、系统地掌握第一手资料,防止支离破碎、断章取义;另一方面也要注意解剖麻雀,有针对性地把主要安全问题追深追透,反对浅尝辄止,浮于表面。调查有多种形式,从获得资料的方式来看,有亲自调查、委托调查、重点调查、典型调查、抽样调查和专项调查等。调查搞好了,还要对调查材料进行及时、深入、细致的分析,发现矛盾、找出原因、去伪存真、去粗取精。

2)科学预测

预测就是通过分析和总结某种安全生产现象的历史演变和现状,掌握客观过程发展变化的具体规律性,揭示和预见其未来发展趋势及其数量表现。预测是安全管理计划的依据和前期。因此,在调查研究的基础上,必须邀请有关安全专家参加,进行科学预测,得出科学、可信的数据和资料。安全预测的内容十分丰富,主要有:工艺状况预测、设备可靠性预测、隐患发展趋势预测、事故发生的可能性预测等;而从预测的期限来看,则又有长期、中期和短期预测等。

3)拟订计划方案

经过充分的调查研究和科学的安全管理计划预测,计划机关或计划者掌握了形成安全管理计划足够的数据和资料,根据这些数据和资料,审慎地提出计划的安全发展战略目标、安全工作的主要任务、有关安全生产指标和实施步骤的设想,并附上必要的说明。通常情况下,一般要拟订几种不同的方案以供决策者选择之用。

4）论证和择定计划方案

这一阶段是安全管理计划编制的最后一个阶段，主要工作大致可归纳为以下几个方面：

（1）通过各种形式和渠道，召集有准备的各方面安全专家的评议会进行科学论证；同时，也可召集职工座谈会，广泛听取意见。

（2）修改补充计划草案，拟出修订稿，再次通过各种形式渠道征集意见和建议。这一程序必要时可反复多次。

（3）比较选择各个可行方案的合理性与效益性，从中选择一个满意的安全管理计划，然后由企业权力机关批准实行。

由上可见，安全管理计划编制的这套程序，既符合决策科学的要求，也符合群众路线的要求。只要自觉地运用从实际出发的唯物观点和辨证方法，能够认真地运用科学的安全管理计划方法并走群众路线，就一定能够制定出比较满意的计划。

3. 安全管理计划编制的方法

安全管理计划编制不仅要按照一定原则和步骤进行，而且要采用能够正确核算和确定各项安全指标的科学方法。在实际工作中，常用的安全管理计划方法主要有以下几种：

1）定额法

定额是通过经济、安全统计资料和安全技术手段测定而提出的完成一定安全生产任务的资源消耗标准，或一定的资源消耗所要完成安全生产任务的标准。它是安全管理计划的基础，对计划核算有决定性影响。定额法就是根据有关部门规定的标准，或者目前在正常情况下已经达到的标准来计算和确定安全管理计划指标的方法。

2）系数法

系数是两个变量之间比较稳定的数量依存关系的数量表现，主要有比例系数和弹性系数两种形式。比例系数是两个变量的绝对量之比。如企业安装一台消声器的工作量一般占基建投资总额的比例假设为 65%，那么，这里的 0.65，就是二者的比例系数。弹性系数是两个变量的变化率之比。如企业产量增长速度和企业总的经济增长速度之比假设为 0.2∶1，那么，这里的 0.2，就是产量增长的弹性系数。系数法就是运用这些系数从某些计划指标推算其他相关计划指标的方法。系数法一般用于计划编制的匡算阶段和远景规划，其优点是可以在时间短、任务急、资料不全的情况下迅速编制粗线条的计划，还可以对计划进行粗略的论证和检验。但使用时必须注意系数在计划期的有效性，并对它进行尽可能科学的修正。

3）动态法

动态法就是按照某项安全指标在过去几年的发展动态，来推算该指标在计划期的发展水平的方法。如假设根据历年情况，某企业集团人身伤害事故每年大约减少 5%。假定计划期安全生产条件没有大的变化，那么也就可以按减少 5%来考虑。这种方法常见于确定安全管理计划目标的最初阶段。

4）比较法

比较法就是对同一计划指标在不同时间或不同空间所呈现的结果进行比较，以便研究确定该项计划指标水平的方法。这种方法常被用于进行安全管理计划分析和论证。使用它，可以较好地吸收其他企业的成功经验。当然，在运用这种方法时，一定要注意到同一指标的诸多因素的可比性问题，简单的类比是不科学的。

5）因素分析法

因素分析法是指通过分析影响某个安全指标的具体因素以及每个因素变化对该指标的影响程度来确定安全管理计划指标的方法。例如，在生产资料供应充足的条件下，企业生产水平取决于投入生产领域的活劳动量和单位活劳动的生产率以及企业安全生产的水平。因此，确定企业产量计划，可以通过分别求出计划期由于劳动力增加可能增加的产量以及由于劳动生产率提高可能增加的产量和安全生产的平稳运行可能增加的产量，然后把三者相加，这就是因素分析法。

6）综合平衡法

综合平衡法是从整个企业安全生产管理计划全局出发，对计划的各个构成部分、各个主要因素、整个安全管理计划指标体系进行的全面平衡。综合平衡法把任何一项安全工作计划都看作是一个系统，不是追求局部的、单指标的最优化，而是寻求系统整体的最优化。因此，它是进行计划平衡的基本方法。综合平衡法的具体形式很多，主要有编制各种平衡表、建立便于计算的计划图解模型或数学模型等。

4. 安全管理计划的检查与修订

制定安全管理计划并不是计划管理的全部，而只是计划管理的开始，在整个安全管理计划的制订、贯彻、执行和反馈的过程中，计划的检查与修订，占有十分重要的地位，起着不可忽视的作用。

（1）计划的检查是监督计划贯彻落实情况、推动计划顺利实施的需要。

安全生产管理计划虽然是按照一定的民主程序和科学过程而制定的，并对企业各方面的诸种关系都作了通盘的考虑；但是，仍然不能保证它在各个子系统内或每一个环节都能得到及时、全面、切实的贯彻和落实。通过计划检查，就可以及时了解计划任务的落实情况，各部门、各单位、各基层完成计划的进度情况，以便研究和提出保证完成计划的有力措施。

（2）计划检查还可以检验计划编制是否符合客观实际，以便修订和补充计划。

诚然，计划的编制是力求做到从实际出发，使其尽量符合客观实际。但是，由于人的认识不但常常受制于科学条件和技术条件，而且也受制于客观过程的发展及其表现程度。因此，部分地改变计划的事是常有的。当发现计划与实际执行情况不符时，应具体分析其原因。如果是由于计划本身不符合实际，或在执行过程中出现了前所未料的问题，如重大突发事件、突发重大事故等，就应修改原定计划。但修订调整计划必须按一定程序进行，必须经原批准机关审查批准。对由于计划执行单位管理不善等主观原因造成的计划与实际脱节，则不允许修改计划，以保证计划的严肃性。

（3）计划的检查要贯穿于计划执行的全过程。

从安全管理计划的下达开始，直到计划执行结束，计划检查要做到全面而深入。

检查的主要内容有：

① 计划的执行是否偏离目标；

② 计划指标的完成程度；

③ 计划执行中的经验和潜在的问题。

检查的方法则有：

① 分项检查和综合检查；
② 数量检查和质量检查；
③ 定期检查和不定期检查；
④ 全面检查；
⑤ 重点检查；
⑥ 抽样检查；
⑦ 统计报表检查；
⑧ 深入基层检查。

二、安全管理组织方法

组织一般有两种含义：一种是动词，就是有目的、有系统地集合起来，如组织群众，这种组织是管理的一种职能；另一种是名词，指按照一定的宗旨和目标建立起来的集体，如工厂、机关、学校、医院，以及各级政府部门、各个层次的经济实体、各个党派和政治团体等，这些都是组织。

安全管理组织是安全管理职能之一，完善的安全管理组织应具备：

（1）具有各自明确的保障生产安全、人与财物不受损失的目的；

（2）由一定的承担安全管理职能的人群组成；

（3）有相应的系统性结构，用以控制和规范安全管理组织内成员的行为。例如，制定安全管理规章制度、建立职业安全健康管理体系、编写生产岗位安全职责与职权等。

（一）安全管理组织结构

组织结构是为满足一定目的而设计。安全管理的绩效在很大程度上也与其结构有关。现阶段企业在安全方面首先应解决安全管理职能部门的横向划分与合并、分工与协作等问题。

职能组织由横向分工产生，是管理科学化、专业化的结果。由于诸多因素的影响，职能组织总是表现为增、裁、分、合的动态过程。其过程的依据是企业经营目标任务的变化、专业管理业务量增减、专业性与独立性强弱和适应监督制约的需要。

企业从单纯生产型转变为生产经营型，安全对安定、生产、扩大再生产的作用将日益突出，对企业安全管理提出了更高要求。由于目标任务的变化、生产规模的扩大，安全管理业务将寓于整个生产系统中，须有专门机构领导和协调。安全管理业务若全部分散在诸多处室，整个安全系统就难以发挥总体效能。因此，设置安全管理职能部门是使企业得以有效地提高效益、完成任务、实现目标的组织保障。

安全管理在整个企业三大职能中属监控类部门。各部门必须满足安全生产提出的要求，而安全管理部门应及时向各管理部门提供可靠的信息，对各部门执行安全生产责任制及安全生产目标的情况综合分析，并向企业决策层提出建议。它具有对全局影响极大的控制协调职能，应实行以集中为主的管理。而管理之三大职能之间内在制约关系和存在的待协调因子对生产经营活动既有推动作用，又有阻抗效应。在处理安全与生产的关系方面总有许多矛盾之处，矛盾的解决都会促进生产的发展。

对于像铁路工厂这样的大中型企业，安全系统是一个多元输入的复杂动态系统。每个工厂有若干分厂或车间，它们的安全生产又受领导的安全意识、安全管理机构业务能力、相关职能部门的配合、工艺装备水平、工人安全生产技能及生产环境等众多因素的影响。规模庞大、纵横交错的安全系统，宜采用多级递阶控制结构，从组织结构上保证整个安全系统的正常运转。

（二）安全管理组织意识

随着管理方法的不断完善，人们逐渐认识到：仅靠完善的组织结构还是不够的，对安全生产具有深刻影响并能长期起作用的因素乃是安全意识，亦即建立一种组织意识并渗透到安全工作的各方面，使职工明确方向，同时受到激励、奖励和约束。通过培养职工共同的价值观念、行为规范和行为，实现安全生产，也满足职工自我安全的需要。

安全管理组织意识可分为企业领导安全意识、部门及班组安全意识和职工的自主安全意识等几部分。

领导安全意识是安全管理组织意识确立的前提。其体现在：建立科学的安全效益概念和指标，明确安全效益在产量、产值和利润中的比重；提高安全防范在总体决策中的地位和权重，并据本企业技术经济条件，在人力、财力、物力方面保证安全系统正常运行，从制度上保证人员素质、重视职工的安全教育与培训等。班组是企业基本单元的，其安全意识的培养是组织意识建立的基础；企业通过安全文化建设，有效地增强班组内聚力，形成自我管理并成为一个利益共同体和情感联合体。职工的自主安全意识，是避免事故发生的重要保证。安全的价值、任务、生存等观念的增强要通过系统教育、定期培训、日常练功等活动深化自主安全意识。

通过安全文化对各层次职工的影响，使职工对责任和目标有较深刻的理解，从而约束组织决策和个人行为，并与安全目标协调一致。这将是组织的力量源泉。

（三）安全管理组织机制

组织机制具有组织的自动调节功能，它包含了目标调节机制、组织内部沟通协调机制和对外部环境的适应机制。

体制改革的深入使经济学渗入到各个领域，使价值原则普遍化。由于公众和社会对人的价值有了新的认识，经济效益将是安全管理目标调节机制的本质，该机制包含了动力机制和约束机制。动力来源于商品生产的企业因安全带来的经济利益，它加速目标的实现；约束力是为了防止偏离目标，产生于企业因承担了投资风险、竞争压力、破产压力而又不致使企业受害的一种内在经济势能。由于动力与约束力的作用，企业预定的安全目标方可实现。

工业企业安全管理的内在动力和自我约束力体现为商品生产经营者自主经营、自负盈亏并参与市场竞争，且受到经济动力的强大刺激和经济杠杆的严格约束。企业将因此充满活力，对经营者也具有压力。随着以人为中心的管理思想的发展，确立企业目标时，逐步克服了一度出现的"消费偏好与短期投资偏好"的倾向，安全保障能力亦将得到补偿，从而增强安全管理的基础及其动力。

企业安全管理的外在约束力是安全法律。根据我国国情，加速安全工作法制化、标准化，并与科学技术经济条件相协调的进程；提高立法的层次、强化立法及标准化工作的系统配套措施和依法设置相应的机构；增强各层次尤其是企业层次安全管理工作的法律效能，逐渐摆脱目前依赖行政事务的手段分析、管理和控制复杂安全系统的局面，从而提高安全系统的运转效率。

组织沟通协调机制是因组织分工的客观要求而产生的。该机制非常复杂，除纵向、横向沟通中诸多方法可供选择外，信息收集记录、组织层次与幅度、沟通网络、沟通者的思想作风及情感等也都影响着沟通协调。

目前，责任制作为组织的基本制度在促使企业各部门协调沟通中起着重要作用。安全管理组织主要依靠安全生产责任制解决纵、横各部门的内在职能制约矛盾和由人的主观因素造成的"扯皮"现象，并纳入经济责任制，形成考核及奖惩制度。安全生产经济责任制对企业的领导体制、专业管理、"四全管理"构成的网络必须进行衔接和定位，使安全管理职能处于网络的结点上，将众多部门联成一个相互制约的整体。从制度上保证了沟通与协调纵、横关系，促进安全生产系统管理思想的实现。

近年来，经过安全性评价、定置管理、色彩管理等各种现代化管理方法的尝试，工业企业设备及环境安全状况有一定改善，但仍具有安全管理基础工作薄弱、工装落后、手工作业多、劳动强度大等状况。企业通过计划、制度和明确责权关系等，在规范人的制度化管理系统的同时，重视职工素质、技能、作风等人的内部控制机能，安全管理通过安全文化而产生物质与精神文明，使内部与外部的控制结合，为职工提供一个既有物质基础，又尊重、启发人的自主安全意识并在实现目标中追求人的自身价值，以实现充满活力和凝聚力的文化环境。无疑，企业环境的长远思考与明智投入，将不断推动安全系统正常运转，使企业最终产生巨大的社会效益与经济效益。

三、安全管理控制方法

（一）安全管理控制的含义及特点

安全控制理论是应用控制论的一般原理和方法，研究安全控制系统的调节与控制制度规律的一门学科。

安全控制系统是由各种相互制约和影响的安全要素所组成的，具有一定安全特征和功能的整体。安全要素包括：

（1）影响安全的物质性因素，如工具设备、危险器械、能对人构成威胁的工艺装置等；

（2）安全信息，如政策、法规、指令、情报、资料、数据和各种消息等；

（3）其他因素，如人员、组织机构、资金等。

安全控制系统与一般的技术系统比较，有如下特点：

（1）安全控制系统具有一般技术控制系统的全部特征；

（2）安全控制系统是其他生产、社会、经济系统的保障系统；

（3）安全控制系统中包括人这一最活跃的因素，因此，人的目的性和控制作用时刻都会影响安全控制系统的运行；

（4）安全控制系统受到的随机干扰非常显著，因而其研究更加复杂。

（二）安全系统的控制特性

安全系统的控制虽然也服从控制论的一般规律，但是毕竟有它自己的特殊性，如果不注意这点就会犯错误。

安全系统的控制特性主要有以下几个特点：

（1）安全系统状态具有触发性和不可逆性；

（2）系统的随机性；

（3）安全系统是自组织控制系统。

（三）安全系统的控制原则

1. 前馈控制

前馈控制工作模式如图 2.12 所示。在图 2.12 中，x 为输入的能源、物料等，也可能是添置的新设备或者是新来的工作人员等。出于种种原因，可能不完全符合要求或者是具有有害成分。在 x 输入前应进行检测，以保证具有高质量的输入变量 x 进入系统，这就是前馈控制。当然，x 进入系统后，控制系统还是要运用反馈控制进行控制。

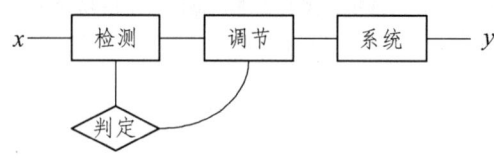

图 2.12　前馈控制工作模式

2. 反馈控制

安全系统的反馈控制可以分为以下三种情况：

（1）输入状态反馈控制。即在各基本事件 x_1，…，x_n 已经发生而 x 尚未发生时，及时查明已经发生的基本事件，并予以消除或纠正，防患于未然。

这应当是安全反馈控制的主要形式。不同于其他系统的反馈控制的是，检测对象不是输出端而是输入端。因此，安全系统反馈控制需要的信息量较之其他系统更大。

（2）事故后的反馈控制。这一点对于减少重复事故的发生十分重要。做法的关键在于：事故后不能就事论事，必须做到运用系统分析的方法，亡羊补牢。例如，用 FTA 方法进行系统的全面分析，找出所有的最小割集，提出改进措施，在此基础上，举一反三，通知各级系统进行全面检查，进行整改消除隐患，然后将结果反馈回来。这种做法将大大减少类似事故的发生。

（3）适当运用正反馈机制。激励职工在安全技术上的向上进取精神。发现某个职工在安全上的缺点错误，对之进行批评、惩罚，是一种负反馈控制。对于纠正个人过失，这是完全必要的措施。

3. 提高下属自组织能力

安全控制系统属于人系统范畴，必须实行分层递阶控制。各层次之间除了督促下层贯彻方针、政策、规程和有关决定外，最重要的控制机制便是采取一切可行的措施，提高下属自组织能力，使之具有较高的控制能力，能够审时度势，加强自我就地反馈。

各级管理层的自组织能力主要体现在以下几方面：

（1）了解下属危险源的事故结构有关信息，诸如事故模式、严重度、发生概率、防治措施。

（2）掌握危险源的动态信息，诸如已接近临界状态的重大危险源、目前存在的管理缺陷、职工安全素质存在的主要问题、隐患整改情况。

（3）熟悉危险分析技术，善于用它解决实际问题。

（4）经验丰富，应变能力较强。这些能力的养成必须经过专门培训，经过考核取得资格方能上岗。培训应在一定期间进行一次，以便加以巩固提高。

对于工人来说，重要的是安全技术水平和应变能力的培训，重点在于有计划地进行安全技能在线训练。日本的无事故运动，曾推行一种叫作"危险预知训练"的在线安全训练方法，收到了很好的效果。

对工人的在线安全技术训练，必须结合实践经常进行，使之形成条件反射，能够镇定地面对突发事变，胸有成竹地运用所掌握的技能从容处理。

（四）安全管理的主要控制方法

1. 完善安全生产制度建设，推进安全科学化管理

安全重在管理，管理重在现场，现场重在落实。生产活动是一个变化的动态过程，作为生产活动主体的各类人员，由于受各类环境因素和自身条件的影响，在这个过程中，经常会有各类不安全行为的发生，这就要各级管理人员要多督促、多检查，发现隐患及时处理，认真落实好安全生产责任制。各类检查人员要深入现场发现问题、解决问题，而不是在办公室听汇报。同时，加大对各级管理人员的考核力度，一级管一级，下级对上级负责，层层落实好岗位职责，使生产现场处于有序、平稳、安全、可控的状态中。

一是发挥好理念先导作用。安全文化是企业在长期的生产经营过程中形成的物质文化和精神文化的总和，就是安全的价值观、信念、理想、最高目标、传统、风气、行为准则的复合体。安全文化包括三大要素：一是安全物质文化，是指安全设施、装备所体现出来的文化品位和文化的价值；二是安全制度文化，是指安全的各种规章制度及条例等；三是安全精神文化，这是安全文化最高层次、最具有活力的核心部分。安全管理队伍的意识、观念、道德、目标、精神风貌等构成了安全文化的主要内涵。通过加强安全文化建设，确立"安全第一、预防为主"的指导思想，把"没有安全就没有效益"的经营理念贯穿于整个企业经营活动之中，树立正确的安全生产观，是搞好安全生产管理的前提。以安全价值观为核心的安全理念是安全文化建设的灵魂。追求健康是人皆有之的基本需求，可是为什么在一些单位"三违"现象屡禁不止？最根本的问题就是观念问题，就是没有树立正确的安全理念。在实践中，有些企业片面追求经济利益，放松对安全生产的监管，加之安全生产投入不足，安全生产管理

制度不健全，安全培训工作与安全防范措施不到位，甚至发生违章指挥、违章作业等不良现象，致使安全生产处于被动状态。比如说，一些单位盲目追求效益，迫使或诱发本单位职工拼设备、拼体力，违章冒险蛮干；又比如，上级组织安全大检查是帮助下级查出隐患，预防事故，这本是好事，可下级往往百般应付，恐怕查出什么问题，查出问题便想方设法大事化小、小事化了；再比如，"我要安全"本来应是职工本能的内在需要，可现在却变成了管理者强迫职工必须完成的一项硬性指标。如果上述错误观念不破除，正确的安全理念不树立，那么，安全生产就永远是一句空话。正确认识安全文化作为一种新型管理理论的价值，使安全生产管理与安全文化建设有机地结合起来，将"安全第一、预防为主"的思想渗透到企业所追求的价值观、经营理念和企业精神等深层内涵中，重视安全培训，加强宣传教育，从而发掘出蕴藏在员工中推动企业安全生产管理的强大力量，才能促进安全生产管理持续健康地发展。

二是发挥好宣传教育作用。安全管理的落脚点在班组，防范事故工作的终端是每一位员工，目的就是要努力保证他们的人身安全。因此，如何认真地确立起每一位员工的安全意识，使之实现"要我安全"到"我要安全"的根本性转变，是企业安全文化建设的中心任务。坚持以人为本的安全方针，营造"人人关注安全"良好氛围，必须拓宽宣传教育形式，建立起整体性的、全方位、全过程、全员的安全环境。通过电视、报刊、板报、标语、读本等和安全知识竞赛、演讲比赛、歌咏文艺演出等形式多样的活动，加强安全生产宣传攻势，做到寓教于乐，使安全生产意识深入人心，安全知识广为传播，潜移默化地规范人的安全行为，培养人的安全心态。必须增强以下几方面的安全防范意识的培养：

（1）超前意识。搞好安全生产，要具有超前的安全防范意识，提前做好预防准备并付诸实际行动，防患于未然，将事故消灭在萌芽之中。

（2）长远意识。搞好安全生产是一项长期而艰巨的任务，必须警钟长鸣，常抓不懈。要根据安全发展的需要，认真研究安全管理方面的问题，制定长远的安全管理规划，认真组织实施，强化安全生产基础管理工作，建立安全生产管理长效机制。

（3）全局意识。安全生产直接关系到社会、国家、企业与员工的切身利益，必须树立全局观，从整体利益出发，对生产过程中出现的问题和发生的矛盾，要以个体服从整体、局部服从全局利益的原则来处理与协调好各方面的关系。

（4）创新意识。在科学技术日新月异的今天，要适应社会经济发展，满足人民生活质量提高的需要，就必须大胆地对现有的安全生产技术与管理进行改革和创新，创建具有自身特色的安全生产管理模式，促进安全生产管理全面健康地发展。

（5）人本意识。人是安全生产管理中最关键、最活跃的因素，要搞好安全生产，必须树立以人为本的经营理念，加强安全生产的宣传教育，让广大员工参与安全生产管理制度的制定，安全目标、安全计划的制定与实施，充分发挥他们的积极性、主动性和创造性。

（6）效率意识。搞好安全生产，必须从源头抓起，加大安全生产的投入，避免随意减少安全生产投入，削减安全成本的短期行为，才能预防安全隐患的产生，提高安全生产管理的效率。

三是落实制度"严"字当头。安全生产管理实质上是一种经营文化、竞争文化、组织文化。不同的信仰、价值观，会干扰环境和资源对组织的影响作用。因此，健全组织机构，强化组织管理，树立以人为本的管理理念，依靠人、尊重人，充分发挥职工的聪明才智，调动职工的积极性、主动性和创造性，使职工投身于企业安全生产活动之中，是安全生产管理的

精髓所在。提高安全生产管理的组织效率,要做好如下几方面的工作:

(1)成立安全管理委员会和安全生产领导小组,明确安全生产管理的组织分工与职责,实行分区分段定点包干责任制,层层签订责任状,落实安全生产责任制。

(2)按照"谁主管,谁负责"的原则,把安全管理工作落到实处,把安全防范责任落实到每个部门、每个岗位、每个人。

(3)建立健全奖罚制度,把安全生产与员工的业绩考评、晋职(级)挂钩,增强全体员工安全生产的责任感、紧迫感。

(4)强化预防安全管理功能,堵塞安全管理漏洞,特别是要杜绝由于组织不健全、责任不明确、管理不到位、措施不得力所造成的安全隐患和责任事故。

人既是安全工作的受益者,又是出事故的受害者,搞好安全生产工作必须坚持"以人为本"。抓好安全生产工作是每一个管理人员的基本要求,也是每一个企业搞好安全工作的出发点和落脚点。以人为本抓好安全生产工作必须从人的生命只有一次作为基本出发点,来看待安全工作的重要性和紧迫性。企业的各级管理人员要抓好制度的教育和落实,使广大员工懂得安全生产管理规章制度是用多少人的鲜血和生命及沉痛教训写成的,按规章制度和操作规程运作就是珍惜生命、珍惜父母的养育之恩,珍惜家人和儿女的情感。教育员工自觉用规章制度规范自己的行为,把自觉执行规章制度变成大家的自觉行为。落实安全生产规章制度,规范人的行为要狠抓一个"严"字,要"严"字当头,要严制度、严标准、严明劳动纪律。特别是对那些日常违章人员,在对其做到教育的基础上,利用教育、经济重罚、更换岗位等措施,督促本人增强安全意识和抓好安全生产的自觉性。

2. 加强安全教育培训

加强安全教育培训,是确保企业生产安全的重要举措,也是培育安全生产文化之路。安全事故的发生,除了员工安全意识淡薄是其根源外,还有一个重要的原因是员工的自觉安全行为规范缺失、自我防范能力不强。应加强安全教育培训,坚持重安全意识、重安全规程、重安全行为规范、重细节养成;应以安全意识教育为先,以提高安全技能为重,以养成安全生产行为规范为目的;培养员工的安全行为规范,全面提升安全防范技能,确保安全生产。生产一线是企业安全工作的着力点和落脚点。一是要源头参与,对于企业涉及保障职工安全与健康内容的制度、规定,要依法规范、强化责任,加大监督检查力度。二是要立足班组,提高职工自保互控能力。班组是企业的"细胞",是安全生产最直接的承担者和参与者。要夯实班组安全基础,一方面要加强职工的安全知识培训,提高职工应变能力和安全技能,以适应岗位工作要求;另一方面要建立班组自保互控体系,以自保为主,互控为辅,不断增强职工保安全、反违章的内在驱动力。三是要突出重点,强化安全生产专项检查。围绕安全重点开展专项监督检查。采取定期检查、突击检查、巡回检查和跟踪追查等方法,增强监督检查的针对性和实效性。对重大危险源和重大事故隐患,及时下达通知书,建立安全档案,追踪整改。严格按照"四不放过"的原则处理事故。

3. 实施预防型安全生产管理,建立安全生产管理长效机制

安全投资不是现时的消费,而是一种有效的长期投资。它能促使企业实现管理资源优化与整合,达到提高安全生产管理效率和增创经济效益的目的。预防型安全管理作为安全管理最重要和最有效的方法之一,是现代企业安全生产管理的发展需要,只有将预防工作做好,

防微杜渐，防患于未然，才能有效地预防各种安全问题的发生，而不是等到安全事故发生，造成损失后，再做事后分析和善后处理。必须做好以下几方面的工作：一是要始终贯彻"安全第一，预防为主"的指导思想，从战略管理的高度，进行科学的安全管理规划，确立安全目标，制订安全计划，并认真组织实施；二是要对安全问题时刻保持高度的责任感和警惕性，密切注意各种安全动态，采取预先防范的有效措施，对可能发生的危险进行预测和评估，以确定危险的级别，进行分级管理，及时发现和消除安全隐患，预防和遏制可能发生的安全问题，提高安全管理工作的效率；三是要加强安全生产管理队伍的建设，提高实施预防型安全管理的组织协调与实务操作的能力。

注重和讲求制度"硬管理"和文化"软管理"的有机结合，是企业文化建设的需要，更是建立长效安全管理机制的需要。一方面是制度"硬管理"。通过健全与完善有关的安全管理制度，包括《安全责任制度》《安全生产管理制度》《安全设备与设施管理制度》《防范检查制度》《突发事件处理程序》《缺陷管理制度》等，从制度上规范安全生产管理，明确与落实安全管理工作职责，实现安全生产制度化与规范化。另一方面是文化"软管理"。我们知道，企业进行有效的控制和调节，必须依靠严格的规章制度。但是，管理制度再严密也不可能包罗万象，制度管理的强制性往往使得员工在形式上服从，而不能赢得员工的心，这也是不少安全制度流于形式，难以贯彻落实的主要原因之一。因此，通过文化"软管理"，促使员工认同企业使命、企业精神、价值观，从而理解和执行各级管理者的决策和指令，自觉地按企业的整体战略目标和制度要求来调节和规范自己的行为，从而达到统一思想、统一认识、统一行动，建立安全生产管理长效机制。

第三章 高速铁路危险源识别与控制

随着科技的发展,高速铁路建设技术水平越来越高,建设质量也越来越好,因此,完全因轨道而发生的交通事故所占比例不大。但几乎每条高速铁路线路都不同程度地存在事故危险。这些事故一般由多种危险源导致,既有物理性危险源、化学性危险源、生物性危险源,又有心理或生理性危险源、行为性危险源以及其他危险源。因此,能够识别高速铁路危险源进而能控制其危险是十分重要的。本章从高速铁路危险源识别、高速铁路系统主要危险因素及分级、高速铁路运营安全控制三大方面加以介绍,力图让人们能够预防和减少事故的发生。

第一节 高速铁路危险源识别

一、危险源的识别

(一)基本概念

危险源是指可能造成人员伤害、职业病、财产损失、作业环境破坏或这些情况组合的根源或状态。危险源是一个系统中具有潜在能量和物质释放危险的、在一定的触发因素作用下可转化为事故的部位、区域、场所、空间、岗位、设备及其位置。也就是说,危险源一般是能量、危险物质集中的核心,是能量从哪里传出来或爆发的地方。危险源存在于确定的系统中,不同的系统范围,危险源的区域也不同。因此,分析危险源应按系统的不同层次来进行。

根据上述对危险源的定义,危险源应由三个要素构成,即潜在危险性、存在条件和触发因素。危险源的潜在危险性是指一旦触发事故,可能带来的危害程度或损失大小,或者说危险源可能释放的能量强度或危险物质量的大小。危险源的存在条件是指危险源所处的物理状态、化学状态和约束条件状态,例如物质的压力、温度、化学稳定性,盛装容器的坚固性,周围环境障碍物等情况。触发因素虽然不属于危险源的固有属性,但它是危险源转化为事故的外因,而且每一类型的危险源都有相应的敏感触发因素,如易燃易爆物质;热能是其敏感的触发因素,容器压力升高也是其敏感触发因素。因此,一定的危险源总是与相应的触发因素相关联。在触发因素的作用下,危险源转化为危险状态,继而转化为事故。

危险源是导致事故发生的根源,要控制事故,必须首先辨识危险源,控制危险源所带来的风险,而危险源辨识则是控制事故的起点和加强安全管理工作的基础和动力,危险源辨识工作的好坏对完善的安全管理体系的建立和运行起着至关重要的作用。所以,危险源识别是确认危险源的存在并确定其特性的过程，实质是找出组织中存在的人的不安全行为、物的不安全状态、作业环境中存在的危害因素及管理缺陷。

危险源辨识是贯彻"安全第一、预防为主"方针的有效手段和具体体现，通过全面挖掘系统内潜在危险因素，分析危险可能引起事故的条件、后果及影响，提出消除和控制事故的措施，为后续风险评价提供依据，其真正实现"三不伤害"，是落实各项安全管理规章制度的有力武器，危险源的辨识与管理是杜绝各类事故隐患的有效措施，同时也是实现公司安全生产的重要环节。

对危险源的描述应当注意以下几点：

（1）把危险源和其引起的结果——事故区别开来。例如，"钢丝绳断裂"是危险源导致的结果，而危险源可能是以下几种情况之一：

① 钢丝绳长期磨损、断股超标，而未及时检查、更换。
② 钢丝绳超规格使用。
③ 吊装有尖锐边缘的金属物件时未加垫件。
④ 采购的钢丝绳质量不合格。

（2）把危险源与生产过程中的必然现象区别开来。例如，"空压机噪声大"是一种必然现象，不能将其作为危险源。正确的描述应当是"未对空压机采取降噪措施，使噪声超标"，或"在空压机附近作业未采取听力保护措施"。又如，"炼钢炉前温度高"是一种必然现象，不能将其作为危险源。正确的描述应当是造成烫伤的原因，如"在炼钢炉前工作未穿防烫伤工作服"或"在炼钢炉前工作裸露上臂"等。

（3）具体。只有具体，才能说清问题，才能对其进行风险评价，即判断出事故发生的可能性和后果的严重程度。因此，不应出现诸如"操作不当""管理不善""施工方案不正确""劳动防护用品穿戴不齐"等笼统的词汇。具体地描述了事故发生的原因——危险源，则具体的控制措施就随之明确了。因此，检验危险源描述是否恰当的一个方法是：看是否能引出明确的控制措施。

（二）危险源的类别

实际生活和工作中危险源很多，存在的形式也较复杂，这在辨识上给我们增加了难度。如果把各种构成危险源的因素，按照其在事故发生、发展过程中所起的作用划分成类别，无疑会给我们的危险源辨识工作带来方便。安全科学理论根据危险源在事故发生、发展过程中的作用，把危险源划分为以下两大类：

1. 第一类危险源

根据能量意外释放理论，能量或危险物质的意外释放是伤亡事故发生的物理本质。于是，把生产过程中存在的，可能发生意外释放的能量（能源或能量载体）或危险物质称作第一类危险源。为了防止第一类危险源导致事故，必须采取措施约束、限制能量或危险物质，控制危险源。

2. 第二类危险源

正常情况下，生产过程中的能量或危险物质受到约束或限制，不会发生意外释放，即不会发生事故。但是，一旦这些约束或限制能量、危险物质的措施受到破坏或失效（故障），则将发生事故。导致能量、危险物质约束或限制措施破坏或失效的各种因素称作第二类危险源。

第二类危险源主要包括以下三种：

（1）物的故障。物的故障是指机械设备、装置、元部件等由于性能低下而不能实现预定功能的现象。从安全功能的角度，物的不安全状态也是物的故障。物的故障可能是固有的，由于设计、制造缺陷造成的；也可能由于维修、使用不当，或磨损、腐蚀、老化等原因造成的。

（2）人的失误。人的失误是指人的行为结果偏离了被要求的标准，即没有完成规定功能的现象。人的不安全行为也属于人的失误。人的失误会造成能量或危险物质控制系统故障，使屏蔽破坏或失效，从而导致事故发生。

（3）环境因素。人和物存在的环境，即生产作业环境中的温度、湿度、噪声、振动、照明或通风换气等方面的问题，会促使人的失误或物的故障发生。

一起伤亡事故的发生往往是两类危险源共同作用的结果。第一类危险源是伤亡事故发生的能量主体，决定事故后果的严重程度。第二类危险源是第一类危险源造成事故的必要条件，决定事故发生的可能性。两类危险源相互关联、相互依存。第一类危险源的存在是第二类危险源的前提，第二类危险源的出现是第一类危险源导致事故的必要条件。因此，危险源辨识的首要任务是辨识第一类危险源，在此基础上再辨识第二类危险源。

此外，还可从广义的角度对危险源进行分类。按照广义危险源分类，危险源主要有物理性危险源、化学性危险源、生物性危险源、心理或生理性危险源、行为性危险源、其他危险源六个方面，见表3.1。

表3.1 危险源分类表

危险源	主要内容
物理性危险源	设备、设施缺陷（强度不够、刚度不够、稳定性不良、外露运动件等）
	防护缺陷（无防护、防护装置和设施缺陷、防护不当、防护距离不够等）
	电危害（带电部位裸露、漏电、雷电、静电、电火花等）
	噪声危害（机械性噪声、电磁性噪声、流体动力噪声等）
	振动危害（机械性振动、电磁性振动、流体动力性振动等）
	电磁辐射（电离辐射：X射线、γ射线、α射线、α粒子、β粒子、质子、中子、高能电子束等；非电离辐射：紫外线、激光辐射、超高压电场等）
	运动物危害（固体抛射物、液体飞溅物、反弹物、岩土滑动、气流卷动等）
	明火
	能造成灼伤的高温物质（高温气体、高温固体、高温液体等）
	能造成冻伤的高温物质（低温气体、低温固体、低温液体等）
	粉尘与气溶胶（不包括爆炸性、有毒性粉尘与气溶胶）
	作业环境不良（基础下沉、安全过道缺陷、有害光照、通风不良、缺氧、空气质量不良、给排水不良、气温过高、气温过低、自然灾害等）
	信号缺陷（无信号设施、信号选用不当、信号不清、信号表示不准等）
	标志缺陷（无标志、标志不准、标志不规范、标志位置缺陷等）
	其他物理性危险源

续表 3.1

危险源	主要内容
化学性危险源	易燃易爆性物质（易燃易爆性气体、易燃易爆性液体、易燃易爆性固体、易燃易爆性粉尘与气溶胶等）
	自然性物质
	有毒物质（有毒气体、有毒液体、有毒固体、有毒粉尘与气溶胶等）
	腐蚀性物质（腐蚀性气体、腐蚀性液体、腐蚀性固体等）
	气体化学性危险源
生物性危险源	致病微生物（细菌、病毒、其他致病微生物）
	传染病媒介物
	致害动物
	致害植物
	其他生物性危险源
心理或生理性危险源	负荷超限（体力负荷超限、听力负荷超限、心理负荷超限等）
	健康状况异常
	从事禁忌作业
	心理异常（情绪异常、冒险心理、过度紧张等）
	辨识功能缺陷（感知延迟、辨识错误、其他辨识功能缺陷等）
	其他心理、生理性危险源
行为性危险源	指挥错误（指挥失误、违章指挥等）
	操作错误（误操作、违章作业等）
	监护失误
	其他错误
	其他行为性危险源
	其他危险源

（三）危险源的识别方法

危险源辨识以预防为指导思想，可通过询问、交谈、查阅有关记录，获取外部信息，现场观察、流程分析等相结合方法。在辨识过程中应充分考虑产生危险源的五种因素（即能量、有害物质、失控、人员失误、环境），六种类型（即物理性、化学性、生物性、心理性、行为性和其他）。危险源辨识时还应考虑危险源的三种状态（正常、异常和紧急）和三种时态（过去、现在、将来）。用提问的形式，进行危险源辨识，存在什么伤害源，谁会受到伤害，伤害怎样发生。用集中式方法，以单元/班组为单位，全员参加，对整个生产过程中的活动进行充分辨识。危险源辨识可根据不同情况采用直观经验法、类比法、系统的安全分析法等进行。

六种类型有物理性、化学性、生物性、心理性、行为性和其他。物理性风险因素，即设备设施缺陷、防护缺陷、电危害等类型。化学因素，即易燃易爆物质、有毒物质等类型。生物性风险因素，即致病微生物、传染病媒介等类型。生理或心理性风险因素，即健康状况异常、从事禁忌活动等类型。行为性风险因素，即接线员指挥失误、操作失误等类型。其他风险因素，包括管理缺陷、制度不健全等。

需要关注的三种状态包括常规状态、非常规状态和潜在的紧急情况。常规状态是正常生产过程中的危险源的存在方式。非常规状态通常可以分为三种情况：异于常规、周期性或临时性的作业活动、偶尔出现、频率不固定，但可预计出现的状态以及由于外部的原因（天气）导致的非常规状态，如启动、关闭、试车、停车、清洗、维修、保养等。潜在的紧急情况是往往不可预见其后果的情况，产生的后果是灾难性的，不可控制的情况，如火灾、爆炸、严重的泄漏、碰撞等事故。

三种时态是指过去、现在、将来。过去，指以往产生并遗留下来的，对目前的活动和过程仍存在影响的风险。现在，指目前正发生或存在并对活动和过程持续产生影响的风险。将来，指计划中的活动在将来可能产生影响的风险。

危险源辨识的方法很多，每一种方法都有其目的性和应用的范围。几种典型的可用于建立体系的危险源辨识方法如下：

（1）询问、交谈。对于组织的某项工作具有经验的人，往往能指出其工作中的危害。从指出的危害中，可初步分析出工作所存在一、二类危险源。

（2）现场观察。通过对工作环境的现场观察，可发现存在的危险源。从事现场观察的人员，要求具有安全技术知识和掌握了完善的职业健康安全法规、标准。

（3）查阅有关记录。查阅组织的事故、职业病的记录，可从中发现存在的危险源。

（4）获取外部信息。从有关类似组织、文献资料、专家咨询等方面获取有关危险源信息，加以分析研究，可辨识出组织存在的危险源。

（5）工作任务分析。通过分析组织成员工作任务中所涉及的危害，可识别出有关的危险源。

（6）安全检查表（Safety Check List，SCL）。运用已编制好的安全检查表，对组织进行系统的安全检查，可辨识出存在的危险源。

（7）危险与可操作性研究（Hazard and Operability Study，HAZOP）。危险与可操作性研究是一种对工艺过程中的危险源实行严格审查和控制的技术。它通过指导语句和标准格式寻找工艺偏差，以辨识系统存在的危险源，并确定控制危险源风险的对策。

（8）事件树分析（Event Tree Analysis，ETA）。事件树分析是一种从初始原因事件起，分析各环节事件"成功（正常）"或"失败（失效）"的发展变化过程，并预测各种可能结果的方法，即时序逻辑分析判断方法。应用这种方法，通过对系统各环节事件的分析，可辨识出系统的危险源。

（9）故障树分析（FTA）。故障树分析是一种根据系统可能发生的或已经发生的事故结果，去寻找与事故发生有关的原因、条件和规律。通过这样一个过程分析，可辨识出系统中导致事故的有关危险源。

上述几种危险源辨识方法从着入点和分析过程上都有其各自特点，也有各自的适用范围和局限性。所以，在辨识危险源的过程中，往往使用一种方法，还不足以全面地识别其所存在的危险源，必须综合地运用两种或两种以上方法。从某种程度上说，SCL、HAZOP、ETA、FTA是比较规范的危险源辨识方法。

(四)危险源的识别内容与步骤

1. 危险源的辨识内容

危险源辨识的任务是把危险找出来,目的是针对危险源进行安全监控,并制定行之有效的防范措施,逐步提高本质安全程度。危险源辨识过程,实质上是人们对辨识对象客观实际进行系统认识的过程。危险源辨识工作需要依靠全员开展危险源辨识工作,要教育和动员全体员工积极参加,辨识和查找身边的危险,同时注意保证投入必要的人力、物力和资金,保障领导支持、全员参与。

危险源辨识不是哪一个人或部门的事,是涉及每位员工的切身利益和自己人身安全的大事,特别是岗位员工,每天在作业现场与设备、设施打交道,最清楚现场的不安全因素在哪里;各类专业人员与岗位员工要密切配合,共同辨识、查找身边的危险因素;危险源辨识工作,是一项系统工程,不是哪一个部门能够独立完成的,它需要方方面面的协调和配合,包括部门与部门间、部门与单元间、各专业技术线条人员的指导和支撑等,更需要领导的支持和全员的积极参与。保证危险辨识工作的效果,必须抓好的几项工作:发挥好班组长骨干的带头作用,组织班组成员积极开展;加强领导,充分发挥部门、单元的作用,组织评比,表扬优秀、鞭策落后;集思广益、互帮互学、发动全员参与,提高主人翁意识,变"要我安全"为"我要安全";加强危险源辨识工作结果的审查,确保工作质量;要将危险源辨识工作与团队、员工的考核挂钩;要将危险源与各类检查、隐患整改、岗位操作、日常办公等密切联系,达到明确危险、危害,控制风险,预防控制事故发生的目的,而不是束之高阁。

在危险源辨识前,各部门负责此项工作的技术人员做好充分准备。各级管理者要高度重视,在人员、时间和其他资源上应给予支持和保证。并且,必须由懂专业、有经验的人员组成辨识小组,如生产副经理、总工、工程师、技术员、安全员、班组长、机械司机、库管员、现场施工人员。识别和应用的法律法规要全,基本覆盖本单位、本项目的所有施工、作业(工作)及设备(设施)。同时,对参加辨识的员工掌握辨识范围和类别的基本情况,了解法律法规对本单位、本项目安全具体要求,并掌握齐全的资料。一般来说,危险源辨识的主要内容有九类:

(1)工作环境:周围环境、工程地质、地形、自然灾害、气象条件、资源交通、抢险救灾支持条件等;

(2)平面布局:功能分区(生产、管理、辅助生产、生活区);高温、有害物质、噪声、辐射、易燃、易爆、危险品设施布置;建筑物、构筑物布置;风向、安全距离、卫生防护距离等;

(3)运输路线:施工便道、各施工作业区、作业面、作业点的贯通道路以及与外界联系的交通路线等;

(4)施工工序:物资特性(毒性、腐蚀性、燃爆性)温度、压力、速度、作业及控制条件、事故及失控状态;

(5)施工机具、设备:高温、低温、腐蚀、高压、振动、关键部位的备用设备、控制、操作、检修和故障、失误时的紧急异常情况;机械设备的运动部件和工件、操作条件、检修作业、误运转和误操作;电气设备的断电、触电、火灾、爆炸、误运转和误操作,静电、雷电;

（6）危险性较大设备和高处作业设备：如提升、起重设备等；

（7）特殊装置、设备：锅炉房、危险品库房等；

（8）有害作业部位：粉尘、毒物、噪声、振动、辐射、高温、低温等；

（9）各种设施：管理设施（指挥机关等）、事故应急抢救设施（医院卫生所等）、辅助生产、生活设施等。

2. 危险源的识别步骤

危险源识别可以分为三阶段：

第一阶段：危险源初步识别。

危险源识别工作首先在各工序组长、班长、车间主管、维修工和片区工程师中开展，要求按照安全室所发相关资料要求，以工序为单位，对所在区域的热能、电能、化学能、噪声、有害物质、高空作业、操作环节不安全的行为、不安全的设备、设施等所有风险进行识别，一般是采取头脑风暴法，每人提报 30 条风险问题（填写进附表）。

第二阶段：危险源筛选、评估、风险等级和防范措施确定。

危险源筛选、评估和等级确定主要在各车间主管、维修班长、片区工程师、安全员、安全主管中开展，通过对汇总的识别清单进行核实、增补，按照 LEC 标准打分评估、制定防范措施，并安排不同区域的代表对其他区域的危险源进行交叉检查，补充新的危险源。

第三阶段：危险源知识宣传、培训、实施防范措施。

要求对各岗位人员按照班组进行宣传，同时，根据 LEC 分级方法对识别出的危险源进行防范，包括按照危险级别进行标识控制，明确告知风险；对重要的危险源进行锁控，对需要规范的操作行为进行整改；对制度和文件缺失的危险源进行文件化处理、实施管控；对需要进行机械防护、劳保防护的危险源，确定预算报公司批准和整改。最后，安排各车间培训、考核，并以评比和奖励的方式激励工作的开展。

二、高速铁路危险源的识别

高速铁路危险源的识别涉及铁路工作人员的健康与安全、行车安全、设备安全、消防安全、交通安全、乘客及相关方面的安全、财产损失和列车延误等范畴。

（一）危险源识别的范围

危险源识别的范围包括高速铁路整个覆盖的工作区域及其他相关范围内的生产经营活动、人员、设施等。根据高速铁路管理及生产过程，可分为以下类别：

（1）按地点划分：高速铁路沿线及各个车站、车辆段、机务段、工务段、电务段、调度中心、办公楼等。

（2）按生产活动划分：常规活动、非常规活动、潜在的紧急情况。各活动主要的内容见表 3.2。

表 3.2 各生产活动的主要内容

活动类别	主要内容
常规活动	运营服务活动：依据运营时刻表组织列车运营、客运服务过程
	设施设备的设计、安装、调试、验收、接管、使用过程
	公共活动：相关部门均有的活动，包含办公、电梯、消防设施、空调、空压机、抽风机的使用管理等
	间接活动：为运营服务活动提供支持的活动，主要包括物资仓库管理、检验、物料采购以及物料的使用管理、食堂管理等
非常规活动	设施设备的维护养护，消防及行车疏散演习，因公外出，合同方在总部的活动（如过程施工、维修、清洁等）
潜在的紧急情况	火灾、爆炸、化学品泄漏、中毒、台风、雷击、碰撞等事故事件（潜在的紧急情况需考虑紧急情况发生时和发生后进行抢险救援过程中存在的危险）

（二）确定危险源事故类型

在进行危险源识别前必须把危险源事故类型确定下来，以防止危险源识别不清晰、不全面。通过借鉴国标《企业职工伤亡事故分类》（GB 6441—1986）及分析高速铁路运营过程可能产生的行车事故或事件、列车延误及财产损失等事故类别，确定的危险源事故类型见表 3.3。

表 3.3 危险源事故类型

类别编号	事故类别名称	备注
1	物体打击	伤害事故
2	车辆伤害	
3	机械伤害	
4	起重伤害	
5	触电	
6	淹溺	
7	灼烫	
8	火灾	
9	高处坠落	
10	坍塌	
11	容器爆炸	
12	其他爆炸	
13	中毒和窒息	
14	其他伤害	
15	噪声聋	职业病
16	尘肺	
17	视力受损	
18	其他职业病	
19	健康受损	健康危害

续表 3.3

类别编号	事故类别名称	备注
20	财产损失	无伤害事件/事故
21	列车延误	无伤害的列车延误
22	行车事件/事故	含人员伤亡的行车事件/事故
23	可能引发行车事件/事故的设备缺陷事件和行为事件	这里是引发行车事件/事故的危险源
24	其他事件/事故	无伤害事件/事故

表 3.3 中"可能引发行车事件/事故的设备缺陷事件和行为事件"及"行车事件/事故"这两个事故类型是一种从属的关系，即"可能引发行车事件/事故的设备缺陷事件和行为事件"事故类型的风险属于"行车事件/事故"事故类型的危险源。涉及这种从属关系的事故类型可把运营过程中可能发生的重要风险所涉及的危险源划归到相关部门进行控制。

（三）划分危险源识别的对象

在各部门列出识别范围内的活动或流程所涉及的所有方面后，选用合适的设备分析法、工艺流程分析法或其他划分方法，根据事故类型划分危害事件，并根据以下内容划分危险源识别对象：

（1）对车辆设备大修的活动，可按照其工艺流程分析法划分识别对象。

（2）对设备维护及保养的活动，可按照以设备分析法为依据划分的设备作为危险源识别对象，并结合活动实施过程划分。

（3）使用设备时可根据具体操作过程划分。

（4）根据采购、存放、检测设备的过程划分。

（5）根据行车组织、客运组织的过程划分。

（6）针对每一危险源辨识对象，参考危险源事故类型表，识别可能存在的事故/事件，并登记在危险源辨识及风险评价登记表（表 3.4）中的"危害事故/事件"以及"事故类型"内。

表 3.4　危险源识别与风险评价登记表

序号		
部门/地点		
活动		
设施/设备/物料		
危害事故/事件		
事故类型		
危险源		
危险源类别		
风险评价	风险发生的可能性	
	事故后果严重程度	
	风险值	
风险级别		
控制措施		
备注		

第二节　高速铁路系统主要危险因素及分级

一、高速铁路系统的三种运营模式

一般而言，高速铁路系统存在三种运营模式：正常运营状态、非正常运营状态和紧急运营状态。

（1）正常运营状态指列车白天和夜间的运营状态与运行图基本相符的状态。正常运营状态又分为高峰时段和非高峰时段运营。针对这两种运营状态，高速铁路系统又采取了不同的客运行车组织方案和运行管理模式。

（2）非正常运营状态指因各种原因造成了列车晚点、区间堵塞、车站乘客过度拥挤、道岔故障、列车故障、沿线设备故障等影响到正常的运营秩序的情况。经行车指挥系统按照应对方案及时进行调整，可在较短时间内使运营恢复正常，不会对乘客的人身安全造成影响。

（3）紧急运营状态指发生火灾、爆炸、水灾、地震以及雨雪风暴等自然灾害、设备故障导致大范围停运等，致使部分区间或全线无法运营的情况。在这种状态下，有可能出现人员伤亡的严重后果，必须采取紧急事故抢险措施自救、减灾和抢险。

二、高速铁路运营系统主要危险因素分析

高速铁路系统的运营事故受两大方面因素影响，即内部因素和外部因素。内部因素主要是指设备设施故障或人为误操作等；外部因素主要是指恐怖袭击、乘客携带违禁物品、自然灾害、外界事故（如停电、水、气管道破裂）等。

1. 火灾危险因素分析

（1）内部火灾危险因素分析。车站、隧道以及列车内存在大量的电气设备等火灾危险因素；车站、列车内的建筑装饰材料、广告牌等为可燃材料，遇火可能会发生火灾危险；车辆、供电设备、机电设备等若处在超期服役状态，一旦发生故障，也可能导致高速铁路系统火灾事故。

（2）外部火灾危险因素分析。乘客违章携带危险物品、吸烟和吸烟后烟蒂随处乱扔等不当处置引起的火灾危险；人为因素（如恐怖袭击、投毒、纵火等）、意外明火引起的火灾危险；地铁车站站厅乘客疏散区、站台和疏散通道内违规设置的商业网点存在发生火灾的危险，且可能会引起连锁火灾事故。

2. 列车脱轨危险因素分析

列车脱轨主要是由高速铁路系统内部危险因素导致的，主要包括以下几个方面：

（1）线路设计或铺设不合格，道岔伤损、轨枕伤损、道床伤损、接触轧伤损、钢轨断裂等均可能导致列车脱轨危险；

（2）列车超速、走行部件发生故障，可能导致列车脱轨危险；

（3）列车、线路设备等存在老化现象，均处在超期服役状态时，这些设备一旦发生故障，可能导致列车脱轨事故。此外，轨道周边物体侵入运营线路，如电缆伪装门坠落、抹灰层脱落等，异物侵袭可引起列车损坏、列车倾覆、列车脱轨等重大、特大安全事故。

3. 拥挤踩踏危险因素分析

发生拥挤踩踏事故有两方面原因：一是车站内人员负荷过大、车站疏散通道或疏散楼梯设置不合理，车站站台、集散厅及疏散通道内有妨碍疏散的设施或堆放物品，车站出入口存在缺陷或有突发事件发生时，都可能造成人员拥挤踩踏；二是其他原因，如列车故障、火灾或其他危险状况等紧急情况发生时，也可能发生乘客挤伤、踩踏等危险。

4. 列车撞车危险因素分析

处于高速移动状态的列车，也伴随着高风险。一旦出现瞬间的设备异常或人员违章操作，可能造成撞车事故。撞车危险包括与第三方相撞、迎向相撞、迎面相撞等。

5. 中毒和窒息危险因素分析

包括中毒、缺氧窒息、中毒性窒息。发生火灾后会产生大量的烟雾，如果通风设施发生故障，可能会造成中毒和窒息的危险。人为恐怖袭击可能使用的有害气体等也能造成中毒和窒息。

6. 其他危险因素分析

高速铁路系统内部的电动车辆、变电所、配电室、电缆以及风机、水泵等设备，由于设备缺陷、设计不周、防护不当等技术原因可能导致触电伤害危险。此外，由于人为的违章作业、违章操作也可能造成触电伤害危险。

乘客使用扶梯时，可能造成碰撞、夹击、卷入等伤害。扶梯正常运行状态下的乘客违章乘梯，可能造成严重的乘客摔伤。

列车车厢内灯管爆裂、内侧玻璃意外脱落等均可能导致机械伤害。此外，列车在紧急启动、制动时具有很大的惯性，可能导致乘客摔伤危险。乘客手扶车门、上下车时机选择不当或列车设备故障等可能导致车门夹人等机械伤害。

三、高速铁路系统事故影响危险度分析

1. 危险因素等级划分——危险度

高速铁路系统运营安全在世界上是非常突出且备受关注的问题，统计分析国内外高速铁路发生的各类事故，针对事故发生的次数、危害后果，可以对高速铁路存在的主要危险因素划分出等级——危险度。

危险度=事故严重性×事故发生的概率（$R=S\times P$）

危险度的计算要同时考虑：①事故严重程度的大小；②造成某种损失或损害的难易程度，损害发生的难易性一般用某种损害发生的概率大小来描述。

首先，根据国内外高速铁路事故的发生情况的分析，确定严重度取值标准和危害概率取

值标准，分别见表 3.5 和表 3.6。

表 3.5　严重度分级取值标准

严重度分级	表现特征	取　值
灾难性的	具有紧急的危险、能引起大范围的死亡及伤病的危险能力	9～10
严重的	危险能引起严重的疾病、伤亡、设备及财产损失	6～8
临界的	危险能引起疾病、伤害及设备损失，但不是严重的	3～5
可忽略的	危险不会引起严重的疾病、伤害，伤害的可能极小，伤害程度不需要急救处理	1～2

表 3.6　危险概率分级取值标准

危险概率分级	表现特征	取　值
可能发生	有可能立即发生或短期内会发生	9～10
有理由可能发生	一段时间内会发生	6～8
可能性小	一段时间内可能发生	3～5
可能性极小	不太可能发生	1～2

其次，按事故后果严重程度分析所得严重度分级赋值，结果见表 3.7；按事故发生频次分析所得危害概率赋值，结果见表 3.8。

表 3.7　国内外发生各类事故损失后果及其严重度赋值（S）

	死亡人数/人	伤亡人数/人	设备损失	严重度分级	取　值
火灾事故	809	575	68 辆车被毁	灾难性的	10
人为纵火恐怖袭击	328	808	11 辆车被毁	灾难性的	10
列车脱轨事故	9	272	-	严重的	8
列车撞车事故	10	232	-	严重的	8
拥挤踩踏事故	55	-	-	严重的	6
中毒窒息	12	5 000	-	灾难性的	10
其他事故		只中断运营，无伤亡			2

表 3.8　国内外发生各类事故频率情况及其危害频率赋值（P）

	发生次数/次	表现特征	取　值
火灾事故	20	一段时间内会发生	8
人为纵火恐怖袭击	23	一段时间内可能会发生	7
列车脱轨事故	7	一段时间内会发生	8
列车撞车事故	4	一段时间内可能不会发生	6
拥挤踩踏事故	2	一段时间内可能不会发生	5
中毒窒息	1	一段时间内可能不会发生	5
其他事故	6	短期内有可能发生	9

最后，通过这个不完全统计，我们根据国内外事故的种类、发生的次数和后果损失情况，

对影响高速铁路运营的危险因素等级情况进行划分，见表 3.9。

表 3.9　高速铁路运营的危险因素等级情况划分

事故种类	$R=S\times P$	等级序号	备注
火灾事故	10×8=80	1	
人为纵火、恐怖袭击等意外事故	10×7=70	2	
列车脱轨事故	8×8=64	3	
中毒和窒息事故	10×5=50	4	考虑二次事故后窒息情况
拥挤踩踏事故	8×6=48	5	
列车撞车事故	6×5=30	6	
其他事故	2×9=18	7	

通过对高速铁路危险因素危险度分析可知，火灾事故的危险度值最高，人为纵火、恐怖袭击等意外事故在国外发生的次数比较多。由于我国高速铁路历史相对较短，虽然截至目前有些事故尚未发生过，但不能排除其发生的可能性。

2. 高速铁路系统预先危险性分析

根据国内外高速铁路事故危险度分析结果，可以对高速铁路系统存在的主要危害因素进行预先危险性分析，其结果见表 3.10。

表 3.10　高速铁路主要危险危害因素预先危险分析汇总表

危险因素	可能发生的位置	可能原因	事故后果	危险等级
火灾、爆炸	列车上	车辆电路短路等列车故障；车厢内可燃物着火；人为纵火	设备损失、中断运营、人员伤亡	Ⅳ
	车辆段	维修设备时违章作业；电气火灾	设备损失、人员伤亡	Ⅲ
	车站	车站内的电气设备故障；乘客携带危险品、吸烟和烟蒂随处乱扔等处置不当；人为纵火；商业网点连锁火灾等	设备损失、人员伤亡、中断运营	Ⅳ
	隧道	隧道电缆着火；隧道内电气设备故障起火；隧道内可燃物着火	设备损失、人员伤亡、中断运营	Ⅲ
列车脱轨危险	列车运行中或试车作业时	车辆故障；列车超速；钢轨断裂；道岔伤损；异物侵界；机车司机误操作	设备损失、人员伤亡、中断运营	Ⅲ～Ⅳ
列车撞车危险	列车运行中或试车作业时	车辆故障；列车超速；错办进路；机车司机误操作		Ⅲ～Ⅳ
拥挤踩踏危险	列车上	紧急情况下疏散不利	人员伤亡、中断运营	Ⅲ～Ⅳ
	车站	人员密集或突发事故是疏散通道有障碍物；紧急情况下疏散不利		

续表 3.10

危险因素	可能发生的位置	可能原因	事故后果	危险等级
中毒窒息危险	列车上	火灾情况下，燃烧后产生有毒有害物质；人为投毒或恐怖袭击		Ⅲ~Ⅳ
	车站			
其他危险	列车上	车厢内灯管爆裂；内侧玻璃意外脱落等；乘客上下车意外伤害等	人员伤害	Ⅰ~Ⅱ
	站台	扶梯夹人	人员伤害	
	外部	大范围停电	运营中断	Ⅲ
	车站	动力照明停电		Ⅰ
	车站、车辆等处	车辆、变电所、配电室、电缆，以及风机、水泵等设备故障	可能导致运营中断	Ⅰ~Ⅱ
	车站	暴雨、车站入口无防水设施		Ⅰ~Ⅱ

通过预先危险性分析，可知高速铁路火灾、爆炸、列车脱轨、拥挤踩踏等危险因素均可能导致灾难性或严重性事故。

第三节　LEC 评价法

作业条件危险性评价法是一种简便易行的衡量人们在某种具有潜在危险的环境中作业的危险性的半定量评价方法。它是由美国安全专家格雷厄姆和金尼提出的。该方法以系统风险率有关的三种因素指标值之积来评价系统人员伤亡风险的大小，并将所得作业条件危险性数值与规定的作业条件危险性等级相比较，从而确定作业条件的危险程度。众所周知，作业条件的危险性大小取决于三个因素：发生事故的可能性大小 L、人体暴露在这种危险环境中的频繁程度 E、一旦发生事故可能会造成的损失后果 C。

但是，要获得这三个因素的科学准确的数据，却是相当繁琐的过程。为了简化评价过程，采取了半定量计值法，给三种因素的不同等级分别确定不同分值，然后，以三个分值的乘积 D 来评价作业条件危险性的大小。即：

$$D = L \times E \times C \quad (3\text{-}1)$$

D 值大，说明该系统危险性大，需要增加安全措施，减少发生事故的可能性，或者降低人体暴露的频繁程度，或者减轻事故损失，直至调整到允许范围。

1. 可能性因素

事故或危险事件发生的可能性是与它们实际发生的数学概率相关联的。当用概率来表示时，绝对不可能发生的事件的概率为 0，而必然发生的事件的概率为 1。在考虑系统的危险性时，根本不能认为发生事故是绝对不可能的，所以也就不存在概率为 0 的情况。只能说，某种环境发生事故的可能性极小，其概率趋近于 0。以实际不可能的情况作为"打分"的参考点，规定其可能性分数为 0.1。

然而，实际不可能发生的事情在安全工作中并没有多少意义。在生产环境中，事故或危险事件发生的可能性范围是十分广泛的。完全出乎意料、不可预测的事件（但是有极小可能性）、直到能预料将来某个时候会发生的事件，人为地规定前面一种情况的可能性分数为 1，而指定后者的可能性分数为 10。对于处在这两种情况之间的情况指定了中间值。例如，把"能够发生"的情况规定可能性分数为 6，而"不常见，但仍然相当可能"的情况被指定的可能性分数是 3。在 0.1 和 0 之间也插入了与某种可能性对应的分数值。于是，事故或危险事件发生的可能性的分数范围从实际不可能事件的 0.1 和经过意外而有极小可能性的事件的 1 直到可预料事件的 10。表 3.11 为事故或危险事件发生可能性的分数值。

表 3.11 发生事故的可能性（L）

分数值	事故发生的可能性
10	完全可以预料
6	相当可能
3	可能，但不经常
1	可能性小，完全意外
0.5	很不可能，可以设想
0.2	极不可能
0.1	实际上不可能

2. 暴露于危险环境的频率

人员出现在危险环境中的事件越多，受到伤害的可能性越大，相应的危险性越大。连续出现在危险环境的情况被指定暴露分数值为 10，规定每年仅出现几次的相当稀少的暴露情况其分数为 1。以这两种情况为参考点规定中间情况的暴露分数值。例如，每周一次或仅仅偶尔暴露的情况被指定分数值为 3。外推考虑非常稀少的暴露情况，以分数值 0 代表根本不暴露的情况。同样，根本不暴露的情况在实际上是没有意义的。表 3.12 列出了暴露分数值。

表 3.12 暴露于危险环境的频繁程度（E）

分数值	暴露于危险环境的频繁程度
10	连续暴露
6	每天工作时间内暴露
3	每周一次，或偶然暴露
2	每月一次暴露
1	每年几次暴露
0.5	非常罕见地暴露

3. 事故或危险事件的可能后果

事故或危险事件造成的人身伤害或物质损失在很大的范围内变化。对于伤害事故来说，可以从轻微伤害直到多人死亡的悲剧结果。对于这样广阔的变化范围，规定分数值为 1~100。把需要救护的轻微伤害的可能结果规定为分数值 1，以此为一个参考点；把造成多人死亡的可能结果规定为分数 100，作为另一个参考点。在两个参考点之间内插指定中间值。表 3.13 为规定的可能结果的分数值。

表 3.13　发生事故可能会造成的损失后果（C）

分数值	发生事故可能会造成的损失后果
100	大灾难，许多人死亡
40	灾难，数人死亡
15	非常严重，一人死亡
7	严重，躯干致残
6	重大，手足伤残
3	较大，受伤较重
1	较小，轻伤

4．危险分数

根据式 $D=L×E×C$，某种具有潜在危险的作业环境的危险分数为上述三个因素的分数之积，这是很容易计算出来的，关键在于确定评价的标准。

根据经验，危险分数 20 以下的环境被认为是低危险性的，一般说来可以被人们接受。这样的危险比日常生活中的一些活动，如骑自行车通过拥挤的马路去上班的危险性还要低。

危险分数为 70～160 的情况有显著的危险性，需要马上采取措施整改。危险分数为 160～320 的环境是一种必须立即采取措施进行整改的高度危险的环境。320 的高分数表示环境异常危险，应该立即停止作业直到环境得到改善为止。如果不能采取有效的措施保证安全生产，则应该永远停止工作。

由于这种分级是根据过去的经验划分的，就难免带有局限性，不能认为它是普遍适用的。这里仅提供作为参考。在具体应用时可以根据自己的经验适当加以修正，使之更适合于实际情况。表 3.14 为危险总分数等级划分。

当评价系统内不同作业条件的危险性以确定采取整改措施的轻重缓急时，可以把算得的危险分数直接比较，哪个危险分数高，哪个就应优先被整改。

表 3.14　危险等级划分（D）

分数值	危险程度
>320	极其危险，停产整改
160～320	高度危险，立即整改
70～160	显著危险，及时整改
20～70	一般危险，需要观察
<20	稍有危险，注意防止

对于高速铁路这种有人员作业的运输系统，可以按照实际情况选取三种因素的分数值，然后计算 D 值，根据 D 值大小可以判定系统的危险程度高低。

LEC 评价法也有它的缺陷和不足：

（1）对于事故发生的可能性 L，不同的人会给出相差甚远的估分。

（2）若将 L 与人体暴露在危险环境中的频繁程度 E 的乘积看成事故造成伤害的可能性，则实际上隐含了 L、E 相互独立的假设。因为，只有两个事件互相独立时，两个事件同时发生的概率才等于两个事件各自概率的乘积。显然这种假设是不正确的。

（3）LEC 法没有给出事故后果，仅为财产损失而不引起人员伤病时的风险评价方法，使其适用范围受到一定的限制。

第四节 高速铁路运营安全控制

一、重大危险源控制基本原则

1. 消除优先原则

首先考虑通过合理的设计和科学的管理，尽可能从根本上消除危险源，实现本质安全。如采用无害工艺技术、生产中以无害物质代替有害物质、实现自动化、遥控技术等。

2. 降低风险原则

若无法从根本上消除危险源，则考虑降低风险。采取技术和管理措施，努力降低伤害或损坏发生的概率或潜在的严重程度。

3. 个体防护原则

在采取消除或降低风险措施后，还不能完全保证作业人员的安全健康时，最后考虑个体防护设备，作为补充对策。如穿戴特种劳动防护用品等。

二、高速铁路运营安全控制技术措施

1. 消 除

消除高速铁路系统中的危险源，可以从根本上防止事故的发生。但是，按照现代安全工程的观点，彻底消除所有危险源是不可能的。因此，人们往往首先选择危险性较大、在现有技术条件下可以消除的危险源，作为优先考虑的对象。可以通过选择合适的工艺、技术、设备、设施，合理结构形式，选择无害、无毒或不能致人伤害的物料来彻底消除某种危险源。

2. 预 防

当消除危险源有困难时，可采取预防危险因素发生的措施，如使用安全阀、安全屏护、漏电保护装置、安全电压、熔断器、排风装置等。

3. 减 弱

在无法消除危险源和难以预防的情况下，可采取减轻危险因素的措施，如降温措施、避雷装置、消除静电装置、减振装置等。

三、高速铁路运营安全控制管理措施

（一）高速铁路运营安全预先控制

1. 安全运营风险评估及预警

1）安全运营风险评估

高速铁路系统应定期或不定期对运营情况进行危险源辨识和安全评估，及时掌握当前的安全运营状况和潜在的风险，做到安全管理工作心中有数；根据安全评估的结果，及时调整安全工作的重点；对潜在的风险，制定风险的防范措施，变被动安全为主动安全。对影响安全运营的设施设备难点问题进行专题研究，不断提高设施设备完好率。同时应学习国内外运营安全风险评估体系的先进做法，建立符合运营实际的风险评估体系，并将其作为长效管理手段。

安全运营风险评估工作应确保每年发展一次，遇年度新线投入运营前，应进行开通前的试运营风险评估。安全运营风险评估工作可采用专家组或评估小组的方式进行。

2）预警工作

应建立反应灵敏的预警机制，通过危险源的辨识，变事后补救为事先预防，通过建立设施设备的信息化管理手段，增强设施设备的状态监控；通过安全检查、业务考核等手段，增强从业人员的业务素质，并消除人为隐患；通过采用先进的监控技术，减少灾害天气和突发事件对轨道交通运营的影响；应通过强化预警机制的功能，及早发现隐患，力争将事故消灭在萌芽状态。

2. 规范新鲜接管程序、把握关键点安全

1）规范新线接管程序

我国已进入高速铁路建设的快速发展阶段，顺畅高效的接管程序是确保新线顺利接管、按时开通的重要保障。因此，应建立和完善新线接管程序，规范建设、运营的接管节点和职责，可明确新线部与相关部室、分公司的各自职责，确保新线接管安全顺畅。为此要从设计、施工、设备调试、验收等环节介入，不断进行安全评估，并进行总联调。

2）强化新线接管关键节点的施工安全

在新线接管过程中，随着运营方的逐步介入，会存在主要设备临时代管、施工计划代管、线路运行权交接等关键节点，这些阶段存在着设备处于调试阶段、施工人员多、调度条件不成熟等不利因素，易发生设备、人身安全事故。因此，必须针对新线接管的关键节点制定严密的规章制度。

（二）高速铁路运营安全过程控制

高速铁路运营安全过程控制就是对轨道交通运营工作流程的全过程进行控制，从运营计划和运行图的制定、调度指挥实施、车站客流组织和客运服务、设施设备的保障等各个环节进行全过程控制，通过各个环节有效的监控和正常运转，来实现轨道交通各组成部分的联动有效运转。建立和强化安全运营"过程控制"。采取积极有效的措施，变事后补救为事前预防，

真正体现"安全生产、预防为主"的原则。

1. 行车安全控制

高速铁路行车安全是运营安全的重点环节，必须加强行车安全控制，及时消除行车安全中的各种设备和人为隐患，严格执行行车岗位标准化、规范化操作。

1）确保运营安全规章的有效性、适应性、覆盖性

为保障高速铁路安全运营工作，必须根据行车工作的特点和设备、设施的技术条件要求，建立以安全管理制度为统领，包括安全操作规程手册、事故处理规程、应急处置预案等在内的安全规章体系，以制度来规范安全管理各个环节，以规范化保证安全，确保事事有章可循，严格落实安全规章制度才是运营安全的保证，各类安全规章制度体系如下：

（1）操作类安全规章；

（2）设备操作类安全规章；

（3）设备保障单位安全运营管理规章；

（4）事故预案；

（5）安全管理规章。

2）确保行车岗位人员操作的标准化、规范化

建立规范全面的运营规章后，要通过经常性的规章制度培训和学习，让员工理解规章，通过经常检查督促，让员工严格执行规章；通过经常分析事故苗头、事故隐患、事故后果，让员工认识到遵章守纪的重要性。

2. 设施、设备保障

运营设施、设备质量的好坏，直接关系到列车运营安全与否，因此必须采用先进的检测手段，及时发现设施、设备的隐患，建立维修管理信息化系统，不断提高设备的质量。按照设备管理控制体系的要求，科学地进行设备管理工作，提高设备完好率和运营保障力度。

1）完善设备科学化、信息化管理机制

设施、设备的维修，不仅要保证质量，还要体现速度。要采用先进的设备检测技术和工具，快速检测设备状态，查找故障点，为及时、准确地掌握设备质量状态，处理设备故障提供了保证。

在设施、设备维修管理上，要采用维修管理信息化系统，对维修工程中工时、物料、定额、检修规程等，进行全面监控，保证维修计划的落实，提升设施、设备维修管理水平，提高维修水平。

对设施、设备的维修管理，做到精简细修、突出重点。在设备的日常维修保养中，特别抓好车辆、接触网等设备的巡视、检测，以小防大，杜绝大故障或事故的发生。同时，集中技术力量解决经营中出现的故障或技术难题，要组织跨专业的技术攻关，从设施、设备运营质量角度为确保运营安全奠定坚实的基础。

2）完善设施、设备规程

标准与规程是设施、设备管理工作开展的依据。由于高速铁路设备种类多，且更新较快，因此要求规程也要不断修改完善。

3. 完善监控手段，提高应急处置能力

（1）进一步加强运营时段现场管理，使之成为确保轨道交通运营始终处于可控状态的重

要手段,深入运营一线,靠前指挥,抓小防大,安全观前移,提高现场处置能力。

(2)加强信息管理,提高突发信息传递速度。为提高应对突发事故(件)处置能力,减少事故发生对运营的影响,要规范信息传递制度,理顺信息传递渠道。同时,运营企业可发挥快速有效的信息传递系统的作用,提高短信群发系统的稳定性,使各级领导、技术骨干能在第一时间掌握各类运营信息。

(3)坚持和完善运营交接班会议制度。利用运营交接班制度,能及时将安全运营月的运营情况进行分析,协调解决运营中的实际问题,并能随时掌握运营安全状态,做到运营安全天天受控。

(4)坚持和完善月度运营例会制度,有利于及时分析安全运营状况和形势,把握安全动态,制定有效的应对措施。

4. 开展安全培训和演练,提高安全素质

(1)制定安全教育制度,明确安全教育内容和要求,通过各种途径和手段加强宣传教育和培训,增强员工安全防范意识,提高安全技能。对新员工落实"三级"安全教育制度,使员工在上岗前符合岗位安全知识、技能、等级的要求。其次,根据安全运营的实际需要,评定运营系统中的各个岗位的安全等级,制定各个等级的安全知识和安全技能要求,对员工进行分层培训、考核,实行安全关键岗位持证上岗,同时结合运营实际和国内外同行业的事故、事件,通过编制《事故案例》等手段教育员工,不断强化员工的安全意识。

(2)在完善事故处置预案的基础上,组织制定公司演练计划,定期、不定期组织进行各层级的、切实有效的各种演练,不断提高各级员工对各种预案的熟练程度,以及应急应变的能力。

(3)充分发挥车站和列车广播等宣传方式,进行广泛的安全宣传教育,提高市民对高速铁路安全意识的强化和掌握。

5. 安全检查

安全检查是安全工作落实的重要一环。通过查隐患、查整改、查落实,控制人的不安全行为、车辆设备的不安全状态和环境不良因素对安全运营的影响。同时,各单位仍要坚持日常检查和定期检查相结合,专项检查和综合检查相结合,及时发现各类隐患,并认真抓好整改工作。

(三)高速铁路运营安全事后控制

1. 完善抢险救援运作机制

为了能快速、有效处置运营突发事件,可成立抢险救援中心,负责整个高速铁路系统设施设备紧急抢修和灾害等抢险救援,实行准军事化管理,全天候待命。抢险救援中心设立3个抢险车辆备勤点,抢险车均统一安装GPS卫星定位系统。同时还要进一步完善抢险救援中心的运作机制,特别是应考虑如何从网络化运营的高度来合理设置抢修点,以增强应急抢修的反应能力。

2. 建立事故处理的规范程序

针对高速铁路发生的事故,对事故苗头和安全隐患进行分析和处理,坚持从管理上找原

因、查漏洞、定措施，通过分析查找原因、整改隐患、完善规章、改进管理，防止同类事故重复发生。认真落实"预防为主"的方针，在管理人员中树立安全管理责任意识，切实做到事事有人负责。

3. 安全整改

对于日常运营中暴露的安全隐患，以开展"安全隐患整治月"等活动，对影响安全运营的设施、设备各类隐患进行排查，确保设施、设备处于正常运营状态。同时，应针对运营过程中暴露出的设备系统问题，组织技术力量进行技术攻关，不断优化设备系统。

4. 完善考核和责任追究制度

（1）以员工手册作为员工考核的依据。
（2）月度经济责任制考核制度。
（3）领导干部安全责任追究制度。
（4）运营主业单位安全责任风险抵押金制度。

四、高速铁路危险源辨识及风险评价控制措施

高速铁路危险源辨识及风险评价控制措施样表可构建如表 3.15 所示。

表 3.15　高铁危险源辨识及风险评价控制措施样表

序号	活动、场所或设施	危险源	伤害类别	风险评价				危险程度	时态	状态	控制措施	备注
				可能性 L	频繁程度 E	后果 C	危险等级 D					
	1	2	3	4	5	6	7	8	9	10	11	12
1	乘务员登乘机车	脚踏板有积雪、油污	滑落摔伤	1	1	3	一般危险，需要注意	一般	现在	异常	日常做好清理、冬季做好防护措施	
2	更换闸瓦	违章操作制动手柄	挤伤	1	1	0.5	稍有危险	一般	现在	异常	专人防护、呼唤应答	
3	地沟检查	机车底部各尖锐部件	碰伤	1	1	0.5	稍有危险	一般	现在	异常	配戴安全帽	
4	擦拭机车玻璃	脚踏不稳、手抓不牢	摔伤	1	1	0.5	稍有危险	一般	现在	异常	小心作业，加强防护	
5	清理电器间	电器元件漏电	触电	1	1	0.5	稍有危险	一般	现在	异常	关闭总开关、发现老化裸露及时处理	
6		电器间灰尘	粉尘危害	3	2	1	稍有危险	一般	现在	异常	佩戴防护用品	

续表 3.15

序号	活动、场所或设施	危险源	伤害类别	风险评价				危险程度	时态	状态	控制措施	备注
				可能性 L	频繁程度 E	后果 C	危险等级 D					
1	2	3		4	5	6	7	8	9	10	11	12
7	更换机车灯泡	电线老化漏电	触电	1	0.5	1	稍有危险	一般	过去	异常	关闭总开关、发现老化裸露及时处理	
8		脚踏不稳、手抓不牢	摔伤	1	0.5	1	稍有危险	一般	现在	异常	小心作业，加强防护	
9	机车加水	登高作业处狭窄	坠落摔伤	1	0.5	1	稍有危险	一般	现在	异常	小心作业，加强防护，天气异常禁止作业	
10	乘务员检查机车	邻线运行机车	撞伤擦伤	1	10	3	一般危险，需要注意	一般	将来	异常	设专人防护	
11	换端作业	机械间高温部件	灼、烫伤	3	2	1	稍有危险	一般	现在	异常	小心通过	
12		机械间运动部件	机械伤害	3	2	1	稍有危险	一般	现在	异常	穿戴整齐、小心通过	
13	修理电器、更换保险	发生短路产生电弧	触电、电弧灼伤	3	2	1	稍有危险	一般	现在	异常	关闭总电源、加强防护	
14	机车运行作业	运行中机车车辆	车辆伤害	1	10	3	一般危险，需要注意	一般	将来	紧急	禁止飞乘飞降	
15		机械部件异常松动	机械伤害	1	6	3	一般危险，需要注意	一般	将来	紧急	加强日常检查、发现异常及时处理	
16	机车部件润滑	机车地沟	摔伤	1	0.5	1	稍有危险	一般	现在	异常	禁止跨越地沟、并设警示标志	
17	道口栏门开放和关闭	车辆抢越	碰撞	1	0.5	1	稍有危险	一般	将来	异常	选择安全位置站立	
18	道口栏门警示灯电线	线路破损漏电	触电	1	0.5	1	稍有危险	一般	现在	异常	按时检修、定期更换	
19	道岔转撤器信号电线	线路破损漏电	触电	1	0.5	1	稍有危险	一般	过去	异常	按时检修、定期更换	

续表 3.15

序号	活动、场所或设施	危险源	伤害类别	风险评价				危险程度	时态	状态	控制措施	备注
	1	2	3	可能性 L	频繁程度 E	后果 C	危险等级 D	8	9	10	11	12
				4	5	6	7					
20	检查车辆、线路	邻线机车车辆移动	撞挂	1	10	3	一般危险,需要注意	一般	将来	紧急	一看、二确认、三通行	
21	检查车辆	钻车	碾压	1	10	3	一般危险,需要注意	一般	将来	紧急	作业人员严禁钻车	
22	横过线路	未确认机车车辆动态安全距离不够	撞伤	1	10	3	一般危险,需要注意	一般	将来	紧急	确认机车车辆暂不移动、从距车辆5 m处快速通过	
23	顺着线路行走	在枕木头、尖轨上行走	撞伤、扎伤	1	10	3	一般危险,需要注意	一般	将来	紧急	顺线路行走、严禁在枕木头、尖轨上行走,应在两线路中间行走	
24	立岗防护	侵线	挂倒摔伤	1	0.5	1	稍有危险	一般	现在	紧急	站立在安全线以外	
25	紧人力制动机	用力过猛、失去平衡	坠落摔伤	1	0.5	1	稍有危险	一般	现在	紧急	抓紧蹬稳、保持平衡	
26	松人力制动机	闸链紧绷、转盘飞速旋转	甩伤、坠落	1	0.5	1	稍有危险	一般	现在	紧急	抓紧蹬稳	
27	传、接货票、单据	侵线	碰撞摔伤	1	0.5	1	稍有危险	一般	将来	异常	站立在安全线以外	
28	摘、接风管	双脚进入道心	夹伤	1	0.5	1	稍有危险	一般	将来	异常	严禁双脚进入道心、红灯锁闭后,单腿进入	
29	摘、接风管	带风作业	打伤	1	0.5	1	稍有危险	一般	将来	异常	红灯锁闭后,关闭两端折角塞门	
30	调整钩位	进入钩档车列移动	夹伤	1	0.5	1	稍有危险	一般	将来	异常	红灯锁闭后进入钩档	
31	车列通过高站台	站立位置过低	挤压	1	10	3	一般危险,需要注意	一般	现在	异常	站立高于站台的阶梯上	

续表 3.15

序号	活动、场所或设施	危险源	伤害类别	风险评价				危险程度	时态	状态	控制措施	备注
	1	2	3	可能性 L	频繁程度 E	后果 C	危险等级 D	8	9	10	11	12
				4	5	6	7					
32	调车作业	迎面上车	摔伤	1	10	3	一般危险,需要注意	一般	现在	正常	严禁迎面上车	
33	调车作业	反面下车	摔伤	1	10	3	一般危险,需要注意	一般	现在	正常	严禁反面下车	
34	调车作业	别腿上下车	摔伤	1	10	3	一般危险,需要注意	一般	现在	异常	严禁别腿上下车	
35	调车作业	警冲标导线、道岔等障碍物区域上下车	绊倒摔伤	1	10	3	一般危险,需要注意	一般	现在	异常	严禁在该区域上下车,非要上下车时,停上停下	
36	雨、雪天调车	不良天气	滑倒摔伤	1	10	3	一般危险,需要注意	一般	现在	异常	停上停下	
37	接发列车	运行中未抓紧蹬稳	坠落摔伤	1	10	3	一般危险,需要注意	一般	将来	紧急	佩带安全带	
38	调动平板车辆	脚蹬鱼腹形架时踩空	摔伤	1	10	3	一般危险,需要注意	一般	现在	紧急	严禁脚蹬鱼腹形架	
39	钢轨上、车辆、车底下	坐卧、休息	撞压	1	10	3	一般危险,需要注意	一般	现在	异常	作业人员严禁在钢轨上、车辆、车底下坐卧、休息	
40	非调车人员	扒乘机车,以车代步	摔伤	1	10	3	一般危险,需要注意	一般	现在	异常	非调车人员严禁扒乘机车,以车代步	

编制: 审核: 批准: 时间: 年 月 日

填表说明:(1)如设备维护、汽车驾驶、工作现场等;(2)如开关无闸盖,楼梯夜间无照明等;(3)如机械伤害、触电、火灾、爆炸;(4)(5)(6)(7)按 $D=LEC$;(8)重要、一般;(9)过去、现在、将来;(10)正常、异常、紧急;(11)应急预案、运行控制、方案控制、个人防护具体措施等。

第四章　高速铁路运营安全保障体系

高速铁路带来的变革，使其在安全保障、运输组织和管理的一体化、旅客服务三个方面的要求都远高于传统铁路，其中，安全是高速铁路运营的第一要素，它的安全性不仅要在规划、设计、建设和验收时给予充分考虑，并且在运营管理中也要不断研究、改进和提高。因此，建立一套科学的、系统的高速铁路运营安全保障系统对保证高速铁路高效正常运营，最大限度地保障乘客的生命安全，减小损失，维护社会稳定和提高高速铁路经济效益具有重要的意义，已成为高速铁路安全管理工作的当务之急，必须给予重视和完善。

第一节　高速铁路运营安全保障理论体系

安全保障理论体系在于从理论角度分析运输系统中人的职业适应性机理、设备可靠性机理、系统结合部匹配机理以及系统的阶段性机理，构建有前瞻性的、对实际操作有很强指导意义的系统理论体系。

（一）职业适应性机理

高速铁路运输系统中的人处于安全主导地位，同时也是最不稳定的因素。研究高速铁路运输系统中人的职业适应性，对于运输系统中各子系统人员的培训、选拔有重要的指导意义。

（二）设备可靠性机理

机车车辆、轨道、通信信号、电力以及其他技术设备的良好运行状态是实现高速铁路运输系统安全的必备条件。设备可靠性机理主要研究设备的性能可靠性、结构可靠性、匹配可靠性等，是高速铁路运输设备安全运转的基础理论。

（三）系统结合部匹配机理

高速铁路运输系统是由机务、车务、工务、电务、车辆等子系统构成的复杂大系统。高速铁路运输系统的安全有赖于各子系统的有效匹配。

（四）阶段性机理

高速铁路运输安全在宏观层面总是处于一定的发展阶段，对于不同的发展阶段，安全管理的策略、目标等有所不同。高速铁路运输安全发展阶段的划分,有利于明确高铁运输安全目标,从而建立相应的行车安全保障体系。

第二节　高速铁路运营安全保障技术体系

一、高速铁路运营安全保障技术体系框架

高速铁路运营安全保障技术体系是以保障高速铁路运营安全为总体目标,结合线路自身的特点,以运营安全相关的固定设施、移动设备等为检测、监控和管理对象,以先进、成熟、经济、适用、可靠的信息技术为支撑,以信息系统为管理手段,通过不断集成和创新形成的对高速铁路运营安全态势分析、对可能发生的事故进行预警以及事故发生后应急救援的有机整体,以此指导高速铁路运营安全保障的控制、管理和决策工作,其总体框架如图4.1所示。

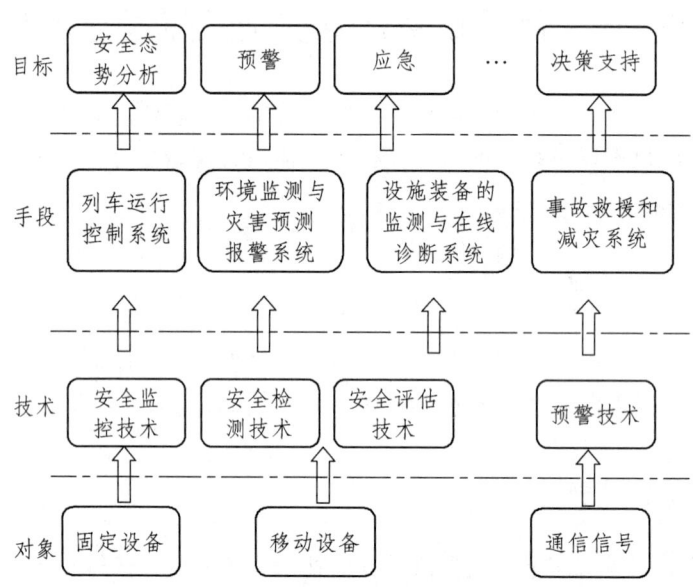

图 4.1　高速铁路运营安全保障技术体系总体框架

二、高速铁路运营安全保障技术体系结构

高速铁路运营安全保障技术体系直接参与运输安全保障,其核心在于强调实时性、联动性以及系统性,主要由感测技术、通信技术、计算机技术及控制技术四部分构成。其中,感测技术和控制技术是高速铁路运输系统的外部接口,通信技术与计算机技术则对采集的信息进行传输和再处理,实现高速铁路运输系统的实时监测与控制,有效地保障高速铁路运输安全。高速铁路运输安全保障技术体系结构如图4.2所示。

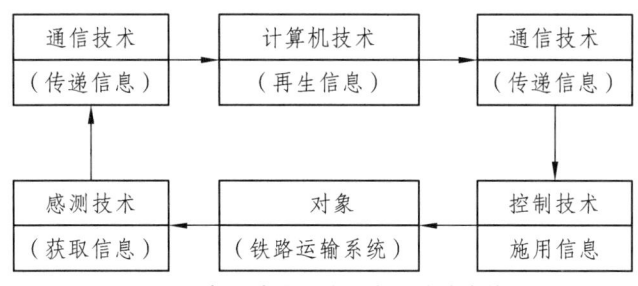

图 4.2 高速铁路运输安全保障技术体系

三、高速铁路运营安全保障技术体系构成

构建高速铁路运营安全保障技术体系应从高速铁路运营安全保障工作的系统性、复杂度和行车安全保障系统的大系统特征出发，着眼于人、设备、环境和管理四个方面来构建该技术体系。为了保障高速铁路的运营安全，铁路部门采取了各种安全方法和手段。基本上可以归纳为以下几个方面：

- 基于预防和事故避免的高速铁路安全的监控和检测技术；
- 基于维护、维修的移动设备和固定设备的安全检测技术；
- 高速铁路运营安全管理技术；
- 应急救援与调查技术；
- 货运安全保障技术。

根据以上几方面的技术，技术体系构建如图 4.3 所示。我国的"全覆盖、立体化、高可靠"的高速铁路运营安全保障技术体系，为运营安全稳定提供可靠的保障。

（一）基于预防和事故避免的高速铁路安全的监控和监测技术

高速铁路运营系统是一个复杂的动态系统，其组成要素处于动态变化的过程中，为了安全管理和事故预防，应加强对影响安全的各种因素进行实时的监控和监测。高速铁路安全监控与检测的内容涉及高速铁路运营安全相关的所有方面，可以分为高速铁路设施设备（固定设备和移动设备）、环境（自然环境和社会治安环境）、人员等。高速铁路安全的监控和检测，应依靠先进可靠的检查监测工具和手段，采取人机结合、动态检测和静态监控结合的方式，实现对主要行车设备、主要行车岗位、安全关键部位全方位、全过程的检查监测、信息反馈、考核评估，加快形成监控有力、反应灵敏、闭环管理的监控和检测保障技术体系。

1. 对高速铁路设备运行状态的监控与检测技术

高速铁路设备包括固定和移动两种。对固定设备和移动设备进行监控的目的是随时掌握设备的运行状态，及时发现运行中可能出现的影响运营安全的因素和隐患。

（1）列车运行控制技术。

高速铁路的核心是高速度。实现高速度的核心技术体现之一就是列车运行控制。列车运行控制技术主要由通信和信号作为支撑，以技术手段对列车运行方向、运行间隔和运行速度进行控制,使列车能够安全运行且提高运行效率,列车运行控制系统地面设备和车站联锁设备主要实现联锁控制功能,并生成列车控制所需的基础数据,通过车—地信息传输将地面控制信息传送给列车,经列车运行控制车载设备进行处理后,生成列车速度控制曲线,监督控制列车安全、高速运行。

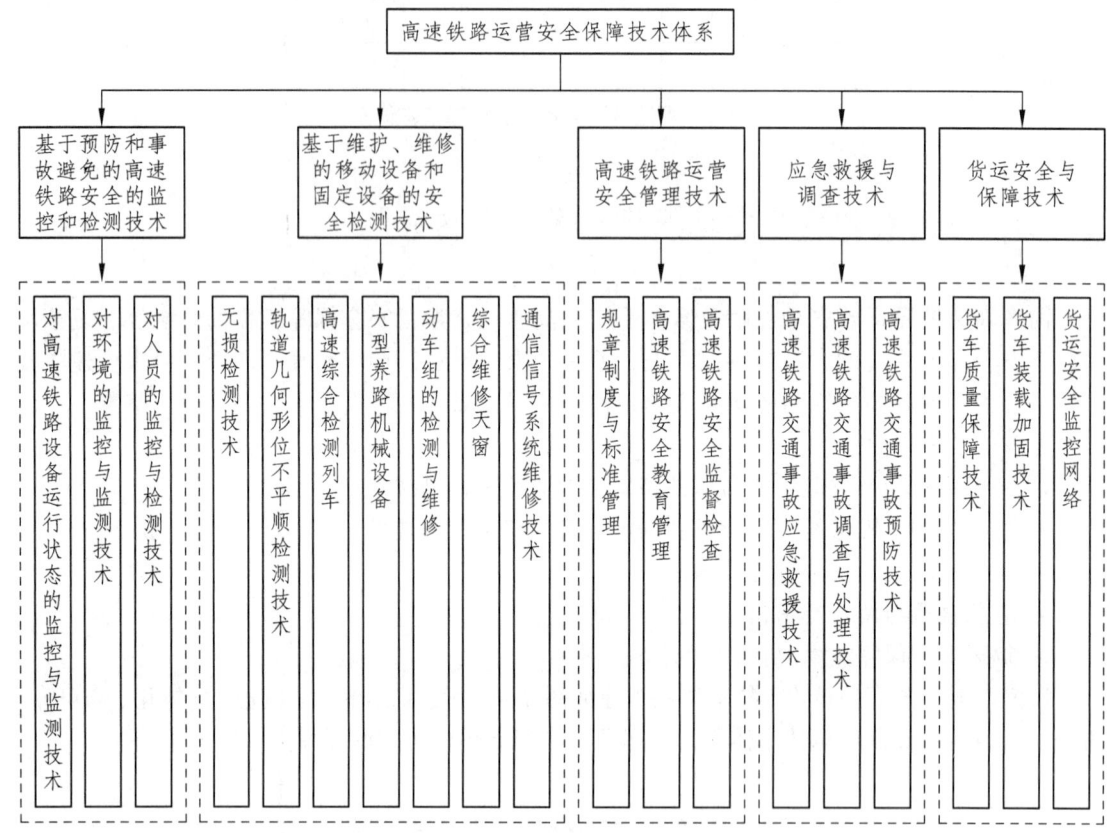

图 4.3　高速铁路行车安全保障技术体系

各国研制生产的列车运行控制系统(ATP/TC)有十余种,如德国的 LZB 系列和 FZB 系列、法国的 TVM 系列、日本的 ATC 系列。

(2)列车状态监测与诊断技术。

列车状态监测与诊断技术主要应用于对列车的各部分状态进行监测并进行故障诊断。监测的主要设备有轴温、车门、轮对、牵引电机等。利用该技术可以及时通报司机采取必要的防范措施,并可以通过无线通信系统,通知前方的维修部门做好检修更换的准备工作。

高速列车实现全列车自动诊断,动车和拖车都装有数据采集和诊断计算机,对牵引动力、制动系统、走行部分、轴温、列车火灾以及车门、空调、照明等进行监测。一旦出现危及行车安全的隐患和故障时,会发出报警信息,问题严重时还会自动控制列车减速,甚至停车。

例如,德国 TCE 列车的诊断系统,不仅可以检测机车车辆、电气及机械方面的故障,而且可以实现列车故障诊断单元在发车前对每个系统进行可靠性和功能测试,有效地缩短整备时间。

(3)机车车辆诊断和实时检测技术。

高速运行的机车车辆的状态,直接关系到行车安全与否。机车车辆的故障诊断和实时检测技术能够及时探测高速运行时的转向架的疲劳破坏状况、接触部件运动破坏状况、车体结构振动噪声、轴温状态、弓网接触压力、接触面几何状态、温度、滑动速度、磨损以及受电弓的结构状态、轮轨噪声、轨道变形、振动加速度等状态值。另外，将列车分离状况、车内温度、烟雾探测等情况通报给司机，使其采取必要的防范措施，并通知前方的维修部门做好检修、更换的准备。

（4）桥梁、隧道、重要立交道口的监测技术。

高速铁路大量采用了桥梁、隧道、立交道口等建筑结构，这些结构的状态对列车安全运行起着重要的作用，所以必须对这些结构及设备、设施进行监测，采用传感器件和信号处理技术，对桥、隧道和线路的一系列参数进行测量和分析，以提供报警信号，使之通过信息通道及时传到综合调度中心，防止突发事件引起重大的行车事故。

（5）车站、站场状态的监测技术。

车站及站场是列车与旅客相对密集的地方，为保障安全运营，应该设立相应的车站、站场状态的监测系统、实时监测站场状态，及时发现潜在的事故隐患，避免事故的发生。另外，在车站站台也要设置相应的监测系统，保证列车进站时或经过车站时，站台上旅客、工作人员及物品的安全。

（6）轨温监测技术。

在现场设置钢轨及大气温度传感器，建立轨温监测报警系统，实时掌握钢轨温度，确定轨温控制标准，科学地进行轨温预报，也是保障高速铁路安全运营的关键技术之一。轨温监测系统由设置在现场的钢轨温度传感器、大气温度、湿度传感器，设置在养路工区（工务段）的信息处理器、显示器、道床状态信息输入设备（报警器、记录仪等）组成。同时在线路选定地点附近设气象信息采集点，以便对比决策。

（7）牵引供电设备的安全监测技术。

牵引供电设备的安全监测技术有利于减少供电系统事故隐患，降低事故概率，缩短故障查找和检修时间，确保供电系统可靠运行。实现在线监测的关键技术包括个性化信号采集处理模块（传感器、信号采集及处理、嵌入式微机处理系统、远程通信）、后台智能专家系统和远程诊断及设备状态监测（调度中心）。

2. 对环境的监控与检测技术

高速铁路运营系统处于开放的环境状态，环境中的各个因素都会影响到高速铁路运营状态的安全性。环境因素包括自然环境和社会治安环境两种。加强对环境状态的监控与检测，随时了解环境的变化，对安全预防和事故避免具有重要的意义。

（1）自然环境的监控与检测技术。

自然环境监测与灾害预测报警技术是高速铁路运营安全保障技术体系中不可缺少的重要技术手段之一。它主要是对自然灾害及沿线环境进行监测，在要监测的地区设置相应的监测设备和预警系统，并将信息传送给有关场所。监测的信息主要有雨量、风速、风向、地震、洪水、落实、降雪量、泥石流等。防灾用的监测设备预先设定基准值，一旦达到基准值，系统自动报警。

① 雨量及洪水监测技术。雨量及洪水监测预警技术由数据采集设备、监测终端设备以及监测主机设备构成。数据采集设备主要包括雨量计、水位仪、防撞监视仪、冲刷测量仪、洪

水测量仪等。数据采集设备测得的数据通过通信线路传输并显示在监测终端上。调度人员根据此降雨状况发出警戒命令及限制列车运行速度。

② 强风监测预警技术。强风监测预警技术是在铁路沿线设立监测点，安装风速、风向传感器和采集单元，实时采集风速、风向数据，数据超过报警值便发出报警；用户确认报警信息和现场情况后，及时采取应对措施，如减速、停车或躲避等。

③ 地震监测技术。地震监测预警技术主要是对地震进行监测并采取紧急措施以减少事故损失。系统由振动加速度传感器和中心监视设备两部分组成。振动加速度传感器检测加速度值和 P 波，具有自动报警、显示加速度波形功能，同时能够分析处理监测数据。例如，日本东海岛新干线的 14 个地方设置了地震预报系统，在沿线的 25 个变电所设置了地震计，一旦监测到危害可能性大的地震后，变电所内的断路器会自动断开，停止送电，使列车紧急停车。

④ 落实监测技术。在易发生危害性落石滑坡的地方安装落石监测仪，当落石砸到检知网上，监测线路被切断，使现场的红色信号灯闪亮，安装在车站上的报警装置发出报警信号，从而阻止列车驶入相应地区。

⑤ 泥石流监测技术。在泥石流易发生区及周围设置雨量计、风速计，在有滑坡的地方增设滑坡计等，同时设置测量通过颗粒的组合成分等仪器，根据不同地区的情况确定适当的标准值，数据超过一定值时就会报警或预报险情。

（2）社会治安环境的监控与检测技术

加强防护网、立交道口、沿线绿化等工程建设，健全护路联防联控机制，强化治安综合治理，完善区段巡察看护制度，采取物防、技防、人防相结合的综合防护措施，着力构建全天候、立体化的治安防范保障体系。

① 安全防护工程技术。为杜绝机动车辆等异物侵入运营线路，高速铁路基本上采取的是"全封闭、全立交"安全防护方式。安全防护技术包括安装高标准的栅栏，做好线路绿化，完善道口防护设施，提高道口防护能力，加固上跨铁路立交桥防护设施，实现站区全封闭管理等。

同时，应健全护路防控责任制。以铁路公安部门为主，工务、车务等单位配合，建立分工明确、职责清晰的护路联防责任体系。公安部门重点抓好线路治安巡察、路外宣传等工作，切实发挥沿线治安防范的主体责任；工务部门重点抓好栅栏、绿化等安全防护工程建设和日常管理；车务部门重点加强站区管理。进一步明确公安民警、工务巡线人员、护路联防队员的巡护范围、工作标准和职责要求，健全联防联控制度；加强日常管理和考核，确保各项巡查措施落到实处。进一步完善线路巡查制度，形成制度化、规范化的护路管理机制。

② 铁路入侵检测技术。铁路入侵检测技术是指在铁路视频监控环境下，让计算机在不需要人参与的情况下，通过对视频序列的处理，实现对入侵行为的自动检测和分析，并对危险行为发出报警。铁路入侵检测的核心技术包括实现铁路入侵物体的定位与跟踪、对入侵行为进行识别和分析、生成报警信息等内容。

3. 对人员的监控与检测技术

人员是指对高速铁路运营安全产生直接影响的人员，包括提供服务者、被服务者及其他人员。一些人员的行为与交通密切相关时，应加强对其行为状态的监控与检测，这是保证高速铁路运营安全的一个重要内容。

提供服务人员的行为，可通过交通行业相关的作业标准、规范等约束，并采用一定的设备,监控提供服务人员的工作状态。

对被服务人员的监控与检测,主要是在客运站内、高速列车上进行,需要一定的监控和检测设备(主要采用红外线、超声波检测、电视监控等设备)完成。如对旅客、行李、货物等进行检查的安全检查系统,该系统的主要功能是防止将易燃、易爆、危险品带到车站内,或带上运输工具,防止无关人员进入站内和登上高速列车。再如,对车站隔离区、车站出入口管理和安全监控,对重要设施和区域进行监控和检查的安全保卫系统,其主要功能是防止旅客或非旅客炸毁列车,防止无关人员进入隔离区、登上列车、进入轨道、保障车站设施安全,维护候车室正常秩序。

(二)基于维护、维修的移动设备和固定设备的安全检测技术

高速列车的普遍开行加剧了轨道等设施装备的恶化,使得养护维修工作量增加,但随着行车密度的提高使得养护维修作业时间越来越少,如何提高养护维修计划的针对性和作业效率是维修技术要解决的关键问题。基于维护、维修的移动设备和固定设备的安全检测技术应以确保高速铁路的线桥隧涵、牵引供电、通信信号等固定设备质量为重点,更新维修理念,采用先进维修手段,创新维修方式,加强设备精检细修,全面提升设备质量,确保动态达标。

设施装备维修技术的主要功能有:对线路状况进行监测及管理,管理线路的日常维护及保养,安排施工,工务设施检修、故障履历管理,维护计划管理。通过集中对全线的信号及相关的控制设备状态进行监测,建立通信网管监视系统,各专业机房环境监测系统,及时掌握电务设备及其工作环境的状态,合理安排维修,保证系统正常运转,一旦出现故障,及时采取有效措施,使危害降至最低程度,并作为制定维修计划和安排综合维修天窗的主要依据。在发生事故灾害时,提供紧急救援方案。负责线路维修计划、慢行区段指定以及灾害情况修复作业安排,在轨检车定期检测数据的基础上,对测试数据及线路巡视人员的检查报告等进行管理。

基于维护、维修的移动设备和固定设备的安全检测技术应注重以下几点:

一是树立全新的维修理念。工务部门要树立零误差的维修理念,严格执行线路维修标准,提高线路质量;电务部门要树立零故障的维修理念,通过精检细修,提高设备安全可靠性;供电部门要树立零缺陷的维修理念,加强对牵引供电设备的日常检查和维修,消除设备主要缺陷。

二是优化检修资源配置。增加并统筹大型养路机械资源,做到科学布局、集中管理、统一调度使用,最大限度发挥大机效能;动态优化维修机具配置,做到大机与小型机群成对配套,维修能力与作业量相互匹配。

三是推行新的维修方式。工务系统要大力推进"检养修"分开,加快构建以专业修、集中修、机械修为主,临时补修为辅的维修模式;电务系统要大力推行"值检修"分离的维修模式,全面实行状态修、集中修和专业修,大力提升设备维修标准化和规范化水平。供电系统要进一步完善委管体制,加大监管力度,加强质量监督考核,确保接触网设备动态达标。

四是强化关键部位质量控制。组建线路、道岔、曲线、钢轨打磨等专业维修队伍,充实管理人员和专业技术力量,提高关键部位的维修质量;加大设备投入,配备专用维修设备,特别是各类监测、监控、维修设备,满足设备日常检测维修的需要;加大技术攻关力度,研制轻量化、高精度、适合现场作业需要的小型工装机具,提高日常维修作业的效率和质量。

下面具体介绍几种基于维护、维修的移动设备和固定设备的安全检测技术。

1. 无损检测技术

无损检测（Non-destructive Testing，NDT）是一门新兴的综合性应用技术。它以不损害被检验对象的使用性能为前提，应用多种物理原理和化学现象，对各种工程材料、零部件和结构件进行有效地检验和测试，借以评价其完整性、连续性、安全可靠性及某些物理性能。周期性地对高速铁路机车车辆各零部件进行无损检测，对于保证列车安全运行起着十分重要的作用。

（1）机车车辆转向架无损检测。

列车车轴的无损检测方法主要有磁粉检测法和超声波检测法。车轮动态检测方法主要有超声波检测法、电磁超声检测法、振动加速度检测法和光学图像检测法等。

（2）机车车辆滚动轴承无损检测。

为了预防由轴承故障引起的事故，在我国铁路干线上都安装了大量的红外线轴温探测系统，并形成了探测网络，以便及时发现温度过高的轴承，防止燃轴、切轴和脱轨事故。在高速铁路中，一些新技术与新装备在不断地应用到滚动轴承早期故障的预报检测中。

（3）铁路钢轨无损检测。

主要采用手推式和全自动式轨道检测车相结合的方式对钢轨进行检测，采用的无损检测手段主要是超声波检测法、磁粉检测法和涡流检测法。

应用于机车车辆的无损检测方法主要有超声波检测、磁粉检测、涡流检测等方法。

2. 轨道几何形位不平顺检测技术

由钢轨、轨枕和道砟组成的轨道结构是一个不完整的、易变形的结构，这种结构的变形即轨道不平顺，它是导致机车车辆和轨道产生振动和破坏的原因。轨道几何形位检测分静态和动态检测，检测设备主要是轨检车。我国轨检车的车载计算机系统对检查的数据进行处理，提交给用户轨道Ⅲ、Ⅳ级超限报告表、曲线摘要报告表、区段总结报告表、轨道质量指数报告表和轨道几何不平顺波形图。若建立轨道不平顺职能专家辅助决策系统，用于指导现场的综合养护和修缮，需要利用这些未进行处理的、以原始采样间隔保存的数据，这些数据包含了很多有用的信息，是建立轨道状态恶化预测模型不可缺少的数据源。

3. 高速综合检测列车

综合检测列车是实施定期检测、综合检测和高速检测的重要手段。实现对轨道、接触网、通信信号等基础设施的综合检测。综合检测列车上安装了以下系统：轨道几何状态检测系统、轮轨动力学检测系统、接触网状态检测系统、轨道电路特性、列车控制系统状态检测系统、无线场强检测系统。综合检测列车主要设备：录像装置、架线间隔测定装置、ATC测定装置、列车无线设备测定装置及测定台；轴重横压测定轴、轴箱测定加速度计；轨道高低变位和车辆摇动测定装置、线路状态监视装置、轮重横压数据处理装置和录像装置；架线磨耗偏位高低测定装置、集电状态监视装置、受电弓观测装置、数据处理装置、供电回路测定装置、车次号地面设备测定装置。

4. 大型养路机械设备

大型养路机械设备是轨道综合维修的主要作业手段，按周期、有计划地对线路进行的综合性修理，有利于恢复良好的线路技术状态。大型养路机械设备包括三枕捣固综合作业车、正线和道岔综合作业捣固车、高精度连续式捣固车、高效清筛机、路基处理车、线路大修列车、96头钢轨打磨车等大型养路机械设备、道岔清筛机、移动式焊轨车和大容量的物料运输车等大型养路机械设备。

5. 动车组的检测与维修

高速运行的动车组停站时间非常短，在停站时无法通过人工检查或监视各种设备、部件的工作状态和故障情况。动车组设备在设计阶段就已考虑到自动诊断和故障、工作状态的监测。

为提高高速铁路动车组的使用寿命及性能，提高其经济效益，必须采用先进的维修技术对高速铁路动车组进行维修。国外高速动车组的检修制度是以可靠性、舒适性为中心，实行计划定期检查和整备与监控预报状态修理相结合，单元部件换件修和寿命管理、主要元部件实行专业化集中修理相结合的维修制度。

动车组的检修在动车组检修基地和运用所中进行。检修基地负责全部修程的检修任务；运用所负责动车组的日常检查和少数部件更换。铁路总公司直接管理动车组检修基地，并以检修基地为中心，辐射各个运用所，形成统一管理的检修网络。

我国现已建立了北京、上海、武汉、广州四大动车检修基地；建成了北京、北京西、上海南、沈阳、青岛、广州东6个动车组运用所；并在2010年发展了哈尔滨、大连、济南、西安、成都、郑州、汉口、长沙、新深圳、福州、南昌、杭州、南京等运用所。

6. 综合维修天窗

为了建立完善的"天窗"维修管理办法，运输调度部门要树立保"天窗"就是保安全、保能力、保效率的思想，科学调度，精心铺画；设备维修单位要优化生产组织、劳动组织和作业方式，提高作业能力和作业效率，尤其是夜间作业能力，用足用好"天窗"点。要区别不同线路情况和作业内容，合理安排"点"内"点"外作业，缓解施工与运输的矛盾，满足设备动态达标的要求。

7. 通信信号系统维修技术

高速铁路的通信信号系统采用了大量的新设备、新技术，科技含量高，容易受到外界影响，其维修技术要求更高。信号设备维修实行电务段、维修车间、维修攻取三级管理模式。大修由铁路局委托专业公司或施工企业进行；硬件日常维修由信号工区负责，软件维护和升级由设备供应商负责。通信设备维修工作分为大修、日常维修两部分。电务段负责通信设备的运用管理，铁通公司等通信企业负责通信设备维修工作。

（三）高速铁路运营安全管理技术

1. 规章制度和标准管理

交通安全法规管理是安全管理的重要组成部分。依法规范组织和个人在生产活动中的行为，坚持"安全第一，预防为主"的基本方针，强化安全管理、安全监察和安全技术培训是安全生产的保证。高速铁路规章制度保障体系应以确保运营安全为重点，以基本规章为依据，分系统、分层次建立和完善各项规章制度办法，形成科学严密、统一规范、动态优化、具体可行的规章制度保障体系。科学严密，就是结合新技术、新设备大量运用到实际，从理论到实践，从技术标准到作业标准，深入进行科研论证，确保各项规章制度经得起运营实践的检验。统一规范，就是以基本规章为基准，建立覆盖各专业、各层面的专业规章、技术文件、作业标准和作业程序，形成统一、规范、完备的规章制度体系。动态优化，就是根据铁路运输生产组织的变化要求和运输安全工作实际需要，及时废止、修订和补充完善各项规章制度和办法，确保各项规章制度具有较强的时效性和指导性。具体可行，就是依据基本规章制度，每个层次、各个系统制定出明确、具体、细化的规章制度，确保落实到一线、落实到岗位。

（1）完善各项规章制度。

铁路总公司有关部门应结合高速铁路运营安全面临的新情况、新变化，对技术管理规定和技术管理办法等规章制度进行充实和完善。各专业部门要对专业规章规程进行废修补。各铁路局、站段要结合本单位实际，对《行规》《站细》《段细》进行细化和完善，确保各项规章制度和管理办法严密规范。

（2）建立规章制度动态优化机制。

明确铁路总公司、铁路局、站段三级规章制度的管理范围、管理责任和归口部门，实现规章制度的分层分级管理；进一步完善规章制度的起草、评审、会签、批准和发布程序，确保规章制度的严肃性和权威性；建立规章制度的动态完善制度，保证各项规章在动态中优化、在发展中完善。

2. 高速铁路安全教育管理

高速铁路的运营除了需要高可靠性的设备和运行控制手段之外，人的因素也是不容忽视的，因为所有的设备和控制仪器都需要靠人来掌握，所有的法规章程要靠人来执行。建立健全高速铁路安全教育保障体系，是减少人的不安全因素、提高运营安全水平的有效途径之一。

（1）建设培训基地。

建设铁路职工培训基地，集中全路培训资源，重点组织好高级专业管理人员和先进装备运用操作人员的培训；建设铁路局或高速铁路运营公司的系统培训基地，重点对行车主要工种、特种作业人员进行培训；建设完善站段实训基地，强化对一线职工实际操作技能和应急处置能力的培训。同时，充分利用社会培训资源，加强部校战略合作，建设铁路高技能人才培训基地，形成功能完善、布局合理的职工培训网络。

（2）开发培训教材。

高速铁路管理部门联合有关高等院校，编写分别适用于高等院校教学、职工培训和职工应知会需要的三大教材体系。通过开发课件、装备先进的模拟培训设备等手段，增强培训效果。

（3）建设高素质师资队伍。

培养高素质铁路职工培训师资队伍，尤其要重视和加强基层站段职教队伍建设，优化和改善职教队伍的文化结构、专业结构、知识结构和年龄结构，为提高职工实际操作技能培训质量打下坚实基础。

3. 高速铁路安全监督检查

高速铁路安全监督检查保障体系应严格遵循我国现行的安全管理体制——"企业负责、行业管理、国家监察、群众监督"来建立。强化铁路总公司安全监察司的行业监管机构的职能，强化铁路局和铁路总公司安监司特派员办事处两级安全监督检查理论的整体功能，加强站段的安全监督检查力量，强化安全生产的外部监督、安全监督更贴近运输现场。各级安全监察部门应加强对问题整改情况的检查，及时处理各类安全隐患和问题。

(四) 应急救援与调查技术

安全保障技术的作用是保护列车安全、避免事故发生，尽管高速铁路为保证行车安全采取了各种措施，但仍可能有不可预见的事故发生。因此，除了采取各种防患于未然的措施之外，还应具备各种应急救援、事故处理、灾后恢复等设备和能力，建立一套完整的事故应急处理系统，对减少人员伤亡、减轻事故损失具有非常重要的意义。

1. 高速铁路交通事故应急救援技术

高速铁路交通事故应急救援技术的作用是科学规范灾害事故发生时的救援抢修和突发事件出现时的应急处置方法和程序。在高速铁路运营系统遭遇自然灾害或突发事件时，通过应急救援技术及系统向上级报告、向下级发出救援指令，指挥组织救援并协调地方救援力量。防止人员伤亡和财产损失的扩大，减少对运输秩序的影响，尽快恢复正常的运营秩序。

2. 高速铁路交通事故调查和处理技术

高速铁路交通事故的应急处置技术，要依据《中华人民共和国安全生产法》《中华人民共和国铁路法》《铁路交通事故调查处理规则》《铁路交通事故应急救援和调查处理条例》等相关法律法规处理。其目的是通过对事故应急处置的调查研究，科学分析事故的致因因素，对事故责任进行追究，总结事故发生的规律和教训，提出有针对性的措施，防止类似事故的再次发生。

3. 高速铁路交通事故预防技术

通过建立高速铁路交通事故预防的网络体系，可以实现对列车、乘务人员、线路和车站的实时监控，对事故易发地段的重点预防、专业预防，并将采集的灾害信息传递给高速列车调度和控制中心。

(五) 货运安全保障技术

我国部分高速铁路存在客货混跑的运营模式，为了保障高速铁路运营安全，迫切需要先进的技术装备来保障货运的安全。

1. 货车质量保障技术

加强货车厂修、新造车辆的质量把关，完善质量检查验收和召回赔偿制度，提高货车生产制造质量。加强货车日常检修，严格货车检修标准，加强检修工艺线建设，完善质量责任追究制度，全面提高货车段维修质量。加强货车运用维护，重点抓好装卸车作业标准化。加强列检作业，随时处理货车质量问题。加大车辆检查整修力度，集中整治不良货车，大力压缩破损货车。建立货车质量联保控制机制，确保车辆状态良好。

2. 货车装载加固技术

优化装载加固方案，建立方案库，实现信息化管理。改进装载加固手段，提高装载加固效率和质量。加强特种货物承运管理，重点抓好散堆装、易脱落、会窜滚、可旋转和阔大货物，以及危险化学品的全过程装载运输管理，加强在途和保留货物列车监控，确保运输万无一失。

3. 货运安全监控网络

利用车辆运行安全监控系统——5T 系统，不断提高货车运行状况实时监控质量。采用超偏载检测装置、轨道衡、危险货物检测仪等安全检测设备来保障货物的安全状态，实现信息联网、集中控制，充分发挥作用。

四、高速铁路运营安全保障技术体系特征

高速铁路运营安全保障技术体系的核心是信息技术的全面综合集成应用，主要具备以下几个特征：

1. 系统性

高速铁路运营安全保障技术体系要从安全系统工程的角度出发，一方面，要保证高速铁路各项基础设施和关键装备的先进性、可靠性和安全性基本要求；另一方面，高速铁路各子系统都是实现系统总体安全目标不可或缺的组分，都承担着特定的、不同方面的、不同层次的、分工明确的行车安全保障任务，该体系应该通过各子系统的功能集成获得最大的系统总功效。

2. 综合性

综合开发和利用监控和检测到的高速铁路运营安全相关状态信息，有效地辨识系统中潜在的危险因素，从而客观地分析高速铁路运营安全态势，以便采取相应的对策来不断提高、改善高速铁路运营安全水平。

3. 高效性

高速铁路运营安全保障技术体系应以运营安全信息流动为指导，协调和管理高速铁路运营的依据，加强车、机、工、电、辆各部门之间以及与系统外相关部门之间的协作效率，从而能够更全面实施控制，作出各个层次面的科学决策，保证高速铁路运营安全保障管理工作。

第三节 高速铁路运营安全保障管理体系

高速铁路运营安全保障管理体系是安全保障理论体系、安全保障技术体系在安全培训、设备质量保障、安全规章制度以及安全考核激励机制方面的有机整合。

（1）安全培训保障机制。

安全培训保障机制是高速铁路运输安全保障管理体系得以有效实施的重要保障机制，是实现运输安全有序可控目标的最基础保障。

（2）设备质量保障机制。

设备质量保障机制有助于保证设备处于良好状态，使设备的技术状态稳定。

（3）安全规章制度机制。

安全规章制度机制是高速铁路运输安全保障理论、技术以及管理体系在安全保障应用方面成功模式的制度化、标准化。

（4）安全考核激励机制。

安全考核激励机制是根据当前运输安全状况、事故的益本比分析等确立的一套科学考核机制，是运输安全良性循环发展的重要保障。

第四节 高速铁路运营安全保障体系框架设计

一、高速铁路运营安全保障体系框架

高速铁路安全保障体系是保障高速铁路安全运行、预防和避免事故发生以及尽量减少事故损失的一个复杂大系统。深入探索和把握安全规律，建立健全高速铁路安全保障体系，形成长效机制，是确保高速铁路持续安全稳定的关键性、基础性工作。构建高速铁路安全保障体系应从高速铁路运营安全保障工作的系统性、复杂度和行车安全保障系统的大系统特征出发，着眼于人、设备、环境和管理四个方面来构建。为了保障高速铁路运营安全，国内外高速铁路部门都采取了各种安全方法和手段。我国高速铁路安全保障体系主要包括以下八个方面：

一是安全检查监测保障体系。在高速铁路运行的过程中，采取最先进的技术，对影响高速铁路安全的人员、移动设备、固定设备和环境等因素的状态以及运输对象实时监控，通过整合既有各专业系统的安全检查监测系统，实现信息共享和综合利用，随时发现问题，并解决问题，达到预防事故和消除事故隐患的目的。

二是规章制度保障体系。以《技规》《行规》《站细》《段细》等基本规章为依据，分系统、分层次建立规章制度管理办法，形成不断充实和完善的工作机制，保证各专业、各层面的专业规章、技术文件、作业标准、作业程序和管理制度科学严密、统一规范、动态优化、具体可行，达到规范作业行为和设备标准的目的。

三是固定设备保障体系。准确把握线路桥隧、通信信号、供电接触网等设备设施的内在变化规律，采用先进维修手段和科学维修模式，精检细修，实现对设备动态质量的有效控制，更新维修理念，优化检修资源配置，采用先进维修手段，创新维修方式，强化关键部位控制，加强设备精检细修，全面提升设备质量，确保动态达标。

四是移动设备保障体系。以确保动车组质量为重点，加快综合检修基地建设，强化动车运用所管理，规范动车组检修流程，全面提高动车组养护维修水平；以专业化、规模化、集约化为方向，科学合理地设置和调整机车车辆检修资源配置，完善检修工艺和标准，提高检修质量。健全机车车辆运用管理、机车乘务员一次出乘作业和列检检查作业标准。完善机车车辆运行监控设备设施修、管、用制度，形成科学、可靠的移动装备安全保障体系。

五是运输指挥保障体系。以确保高速提速干线畅通为重点，强化运输集中统一指挥，进一步完善行车组织管理办法，规范调度命令发布，加快调度系统信息化建设，全面提升行车

组织指挥水平。完善应急救援预案，规范突发事件应急响应程序，形成指挥顺畅、反应迅速、救援处置有力的行车组织指挥和应急救援保障体系。

六是货运安全保障体系。重点是强化货运安全基础管理，严格危险货物承、托运人和超限、超长、超重、集重货物承运人资质审查，严格落实货物装载加固方案和装载质量控制，严格货运计量安全检测监控，严格执行货检区段负责制和货检作业标准。加快货车装载、计量、危险货物运输、货检和货运站监控等系统的建设和运用，形成源头控制、途中把关、运行监控的全过程管理。

七是治安防范保障体系。以治安综合治理、净化高速铁路运行安全环境为主要内容，深化治安综合治理工作，健全爱路护路联防机制，按照"三个专门"的要求，保持线路巡防力量，保证防护设施完好，实现时速 160 km 及以上提速区段"零死亡"。加大"六类"治安案件防范、打击力度，杜绝严重危及行车安全案件的发生。

八是职工素质保障。重点是完善职工培训制度，加强培训管理，形成总公司、局、站段三级培训制度体系。加快开发适用于高等教育、职业教育和职工培训的教材以及应知应会培训手册，形成高速铁路专业教材体系。利用高速铁路既有资源和设施，完善高速铁路培训基地和应知应会基本功训练基地。加强职教管理队伍、师资队伍建设，提高职教管理水平和授课能力。

高速铁路运输的高度集中和联动性特点，需要车、机、工、电、辆多部门的协同配合，因而安全管理工作难度较大。安全保障体系是一个完备的有机整体，八个系统之间既相互联系、互为支撑，又各有侧重、自成体系，必须统筹规划，系统负责，协调推进。

二、高速铁路运营安全检查监测保障体系主要内容

建立高速铁路安全检查监测保障体系虽然受到各国学者和安全管理者的认同，但由于它本身作为一个新理念和复杂的过程尚待完善，而且涉及多学科、多部门，高速铁路安全保障管理的特点和内容决定了其应用必然受到来自观念、机构、技术等方面的冲突和挑战，实施起来难度很大。如何保证其顺利实现是各国面临的一个重大课题。纵观各国高速铁路安全管理的实践，在实施高速铁路安全检查监测保障管理的过程中，都以科学的理念为指导，结合实际确立合理的法律法规或规章制度，建立综合的安全检查监测保障管理系统，基于网络实现高度信息化，固定和移动监测数据通过地面和无线网络实时传给监控中心集中管理，各部门同步得到交通安全共享信息，形成全方位、立体化和网络化的行车安全保障体系。正是通过高速铁路安全检查监测保障体系的建立和完善，才能够促进和实现高速铁路行车安全的可持续发展。因此研究和建立高速铁路安全检查监测保障体系非常有必要，其建设的主要内容包括规范的规章制度管理、完整的设备基础数据、先进的检查监测装备、严格的事故故障管理、健全的检查监督队伍和综合的信息处理平台。

（一）规范的规章制度标准

规范的高速铁路规章制度标准体系是建立安全检查监测的基本前提。

为了保证高速铁路的运营安全，日、德、英等国都通过国会、议会等国家最高权力机构颁布了有关高速铁路安全的系列法令和法规，通过法制对高速铁路安全运营实行监督和管理。例如，日本的《铁道营业法》《铁道事业法》《平交道口改进促进法》等；德国的《德国通用高速铁路法》《高速铁路建设和运营管理规程（EBO）》《高速铁路责任保险管理条例》等；英国的《英国高速铁路安全法规》《高速铁路管理法》《高速铁路与交通安全法》等。这些高速铁路安全法都是经过长期实践、补充，最后修改完善的，具有很大的权威性。各国高速铁路企业根据本国高速铁路的法律法规也制定了有关行车安全的规章和条例，使高速铁路生产活动有法可依，违法可究，把高速铁路安全工作置于全社会的支持和监督之下。为了确保高速铁路建设与施工中的安全，欧盟制定了 2004/49/EC（RSD）号指令，规定了解决高速铁路基础设施建设、维修以及高速铁路运营中的安全问题的要求。要求欧盟各国建立独立的国家安全监督机构，负责审查并向高速铁路运输经营者及高速铁路基础设施管理者颁发安全证书，对高速铁路运输经营者和基础设施管理者的安全管理部门进行监督。英国于 1997 年 4 月颁布了"在铁路环境内施工作业的安全管理"，英国铁路路网公司、各运输公司等进行的所有高速铁路工程施工必须执行该标准。该标准还对有关人员或机构的代表、计划监督者、工程设计者、主承包者、项目经理等的资质、技术能力、管理水平和责任等进行了详细的规定。

在安全管理方面，我国高速铁路安全管理的相关标准及体制相对滞后，人员专业素质相对较低。我国高速铁路技术水平和装备水平在持续提高，但相关技术规范、规程、标准以及管理规章有些还不完善，规章制度和管理办法跟不上技术装备的发展，相关的技术标准、规范严重滞后，有的甚至发生冲突、混乱现象。尤其是大量的新技术、新装备投入使用以后，设备标准、技术标准、检修标准、管理制度滞后的问题非常突出。

随着我国高速铁路迅速发展，高速铁路的设备标准特别是检查检测、监测监控装备滞后的问题相对更加突出，设备的选用和定型还处于实践和摸索的过程中，有的设备引进后还没有真正把技术消化就投入了使用，有的设备技术标准和检修标准只是简单套用国外标准或是在国外标准基础上的简单改动。

一些安全检查监测系统注重建设开发，忽视运用管理现象十分严重，在安全检查监测系统投入使用后没有相应的后续维护制度，检查监测信息运用的规定不明确，共享制度没有形成，系统维修、养护、大修、更新升级、改造得不到落实。机务方面，对机车监控装置目前尚未建立完善的日常分析制度，还未实现对每一台机车的监控装置进行严格的班班检索、分析以及机车运行信息的全部库存备案；供电信息管理系统还未建立完善的信息处理制度，目前尚未建成铁路总公司、铁路局、站段直至车间的计算机网络，实现动、静态检测数据的网络传输和数据库管理。不能做到加强检测信息的处理，形成总公司、局、段三级综合管理机制，对弓网综合检测数据不能实现全程下载以及每天分析，不能完全做到及时发现并处置安全问题和隐患。

归纳起来，中国高速铁路在规章制度方面主要存在以下四个方面的问题：一是规章制度调整变化较快。随着高速铁路发展，有关规章制度进行了大量修改，正是由于规章制度变化比较频繁，传达学习又不彻底，部分干部职工难以适应。二是部分规章制度不够严密。一些部门制定的规章制度，有的内容缺项，有的条文与现场实际不符；一些新规章与既有规章衔接不紧密；一些部门的要求相互矛盾，令现场无所适从，难以指导现场安全工作。三是有些规章制度缺乏统一性。由于各铁路局之间规章制度有很大差别，一些跨局作业的职工，尽管是同一种作业,但需要熟悉不同的规定。在机车交路大幅度延长,跨局委托维修方式大量采用,特别是跨局调度指挥的新形势下,这个问题显得十分突出。四是部分规章制度缺项。许多新设备的检修维护标准没有制定,一些铁路局和站段的规章制度细化任务还没有落实,需要尽快解决。

因此,当务之急应是尽快总结新技术、新装备、新的运营管理方式情况下的安全管理规律,明确设备技术和管理标准,规范规章制度管理。并且,还要针对设备更新和新技术的大量投入使用、各个岗位急需一批懂技术、业务熟练的专业人才的实际,加强职工队伍培训,解决当前培训系统不完善。不少职工对新技术、新设备只限于简单使用,对设备的维修、故障的判断分析缺乏系统的科学理论知识;部分管理人员对科技保障设备只停留在简单使用的问题上。只有在规章制度标准规范,主要管理人员和职工基本素质具备的情况下,才能保证安全检查监测保障体系建设的顺利实施。

建立规范的规章制度和标准要以设备标准和基本的规章制度为依据,分系统、分层次建立和完善各项规章制度办法,形成"科学严密、统一规范、动态优化、具体可行"的规章制度。科学严密,就是结合新技术、新设备大量运用的实际,从理论到实践,从技术标准到作业标准,深入进行科研论证,确保各项规章制度经得起运营实践的检验。统一规范,就是以基本规章为基准,建立覆盖各专业、各层面的专业规章、技术文件、作业标准和作业程序,形成统一、规范、完备的规章制度体系。动态优化,就是根据高速铁路运输生产组织的变化要求和运输安全工作实际需要,及时废止、修订和补充完善各项规章制度和办法,确保各项规章制度具有较强的时效性和指导性。具体可行,就是依据基本规章制度,每个层次、各个系统制定出明确、具体、细化的规章制度,确保落实到一线、落实到岗位。高速铁路的规章制度具有更强的严肃性和权威性,必须结合运输组织、行车设备、作业方式的变化,建立铁路总公司和铁路局两个层次的高速铁路的基本规章和专业规章体系,动态做好规章制度的清理工作,定期开展修建补废,确保规章制度适应运输安全的需要。

近几年,中国高速铁路根据高速铁路建设、改革、发展、装备现代化、开行高速列车以及大面积提速后的新情况、新变化、新要求重新修订大量的规范、规程、规则等,其中主要设计操作及维修保养标准有三大部分:一是设计规范类。如:高速铁路路基设计规范、高速铁路轨道设计规范、高速铁路电力设计规范、高速铁路信号设计规范、高速铁路工程节能设计规范、高速铁路动车组设备设计暂行规定、高速铁路 GSM-R 数字移动通信系统工程设计暂行规定、新建时速 200 km 客货共线高速铁路设计暂行规定、新建时速 200~250 km 客运专线高速铁路设计暂行规定、新建时速 300~350 km 客运专线高速铁路设计暂行规定等。二是技术规程类。如高速铁路技术管理规程、高速铁路 200~250 km/h 既有线技术管理办法、高速铁路 300~350 km/h 技术管理办法等。三是专业技术管理规程类。高速铁路运输调度规则、高速铁路机车运用管理规程、高速铁路机车操作规程、单司机执乘机车操作规程、高速铁路线路修理规则、高速铁路信号修理规则、高速铁路通信维护规则、高速铁路客车运用维修规程、高速铁路货车运用维修规程、高速铁路动车组运用维修规程、接触网运行检修规程、变电所运行检修规程等。

随着高速铁路快速发展,各种规章制度和标准,特别是有关安全技术设备、检查监测监控装备的管理制度和标准,还必须不断修订和完善。

（二）完整的设备基础数据

安全检查监测保障体系是针对设备和设备的运用过程进行检查监测，因此，建立完整的设备基础数据库是构建体系的基础。

长期以来，铁路各部门、各单位都定期对行车设备进行清理统计。专业部门定期的有每年的秋检秋鉴，对所有的行车设备建立档案，财务部门每年有固定资产统计。从铁路总公司、铁路局、站段到车间、班组都已经有完整的设备档案。随着计算机技术的发展，这些设备档案都已经实现了电子化。随着高速铁路线路地理信息系统逐步完善，线路桥梁隧道等设备三维电子地图得到了广泛应用；调度集中、微机联锁以及 CTC 等系统不断升级运用以后，信号设备基础数据及其设备状况基本能够实时掌握；TMIS，DMIS，ST 系统以及列车运行监控系统开发运用以后，机车、车辆以及列车编组、检修等情况可以实时查询；HMIS、客票系统等的广泛运用，运送旅客等情况已经可以及时查询。

高速铁路信息化建设日趋规范，基础数据管理规范基本形成，基础数据管理要求更加明确，各种基础数据字典正在逐步形成。包括线路字典、干线线路字典、车站字典、线站字典等在内的路网基础数据集，包括监测点字典、车次字典、机车字典在内的监测设备基础数据集，包括单位字典、管理单位人员字典等在内的管理基础数据集，包括监测系统字典、监测项类型信息、专业字典、报警类型字典等在内的分类字典数据集，都正在建设之中。

信息化建设水平不断提高，目前所有铁路局计算机都已经与站段联网，实现了铁路总公司、铁路局、站段互联互通，大部分铁路局实现了与车间联网，个别铁路局甚至与主要行车班组实现了联网办公。

（三）先进的检查监测装备

近年来我国高速铁路行车安全技术装备水平有了长足的发展，有关行车安全的监控、检测、救援、维修等设备逐步实现现代化，行车安全逐步实现了由单靠人工向依靠安全监控设备的转变。但与国外发达国家相比，目前行车安全检测、监测技术和装备水平仍较低，监测、监控手段仍较落后，且某些监控设备的安装主要集中在六大干线。各厂家之间的生产未形成标准化、规范化，建设投资不足，产品的应用推广面有限，此外还存在许多技术空白。由于运输能力日益紧张而资金又匮乏等原因，长期以来，高速铁路处于超负荷状态，全国高速铁路有大量运输设备超限运行，不少运输设备、线路桥梁病害未及时检修，带病运输，很多技术难题有待开发和研究，有关设备管理的规章制度还有不严密之处，设备安全隐患严重，总体来讲，监控设备技术水平和覆盖率低，有待提高。安全工作中以人的感知为基础的成分仍然较多，安全技术装备水平与国外相比，仍有很大的差距，不能满足我国高速铁路行车安全的需要。

因此，安全基础设施方面，高速铁路各专业部门需按照专业建设、专业管理、专业运用的原则，不断完善和提升相关安全检查监测保障硬件基础设施的技术水平和覆盖率。工务部门需尽快完善动车组综合检测车、车载式线路检查仪系统，对所有提速线路特别是时速 200 km 及以上的提速线路质量进行动态检测监控。电务部门需完善信号微机监测系统，将 CTCS-2 列控系统纳入检测监控。车辆部门要进一步扩大"5T"系统覆盖范围，实现对车辆质量的实时监控。机务部门需完善机车运行监控系统、列车运行状态信息系统和接触网检测装置,对机车、牵引供电设备实施有效监测。公安部门需完善治安防范视频监控系统,实现站、车、线防火防爆、清理扒车、预防货盗、阵地控制的有效监控。各部门其他监测系统,需要按照统一的标准加快研究和建设,成熟时纳入安全检查监测体系。各铁路局需对现有的各专业监测系统和管理信息系统进行全面调查摸底,掌握各系统的研发、建设、运用情况,按照铁路总公司的统一标准,对既有检查监测系统和管理信息系统进行完善,明确各系统纳入安全检查监测保障体系需要做的工作。

(四)严格的事故故障管理

2007 年,《铁路交通事故应急救援和调查处理条例》(国务院令第 501 号)颁布实施后,铁道部立即下发了《高速铁路交通事故调查处理规定》和《高速铁路故障调查处理规定》,对高速铁路交通事故和设备故障的调查处理予以明确。

规定事故发生后,事故现场的高速铁路运输企业工作人员或者其他人员应当立即向邻近高速铁路车站、列车调度员、公安机关或者相关单位负责人报告。有关单位和人员接到报告后,应立即将事故情况向企业负责人和事故发生地安全监管办报告。高速铁路运输企业列车调度员将事故概况分别向事故发生地安全监管办、铁路总公司列车调度员报告。事故发生地安全监管办接到事故报告后,将事故基本情况向铁路总公司安全监察司报告。涉及其他安全监管办辖区的事故,发生地安全监管办及时传送至相关安全监管办的安全监察部门。铁路总公司列车调度员接到事故报告后,应立即向安全监察和专业部门及铁路总公司领导报告。事故涉及其他部门时,通知相关部门负责人。发生特别重大事故、重大事故,由铁路总公司办公厅负责向国务院办公厅报告,并通报国家安全生产监督管理总局等有关部门。发生特别重大事故、重大事故、较大事故或者有人员伤亡的一般事故,安全监管办向事故发生地县级以上地方人民政府及其安全生产监督管理部门通报。事故报告的主要内容应包括事故发生的概况、设备基本状况、旅客伤亡情况、设备损坏程度及对高速铁路行车的影响情况、事故原因的初步判断等。铁路总公司、安全监管办和高速铁路运输企业向社会公布事故报告值班电话,受理事故报告和举报。

事故调查处理权限规定,特别重大事故由国务院或国务院授权的部门组织事故调查组进行调查。重大事故由铁路总公司组织事故调查组进行调查。较大事故和一般事故由事故发生地安全监管办组织事故调查组进行调查。铁路总公司认为必要时,可以参与或直接组织对较大事故和一般事故进行调查。根据事故的具体情况,事故调查组还可由工会、监察机关有关人员以及有关地方人民政府、公安机关、安全生产监督管理部门等单位派人组成,并应当邀请人民检察院派人参加。事故调查组认为必要时,可以聘请有关专家参与事故调查。发生一般 B 类以上、重大以下事故(不含相撞的事故),涉及其他安全监管办辖区时,事故发生地安全监管办应当在事故发生后 12 小时内发出电报通知相关安全监管办。自事故发生之日起 7 日内,因事故伤亡人数变化导致事故等级发生变化,依照规定由上级机关调查的,原事故调查组应当及时报告上级机关。事故调查组根据需要,可组建若干专业小组,进行调查取证,调查组组长组织审议专业小组调查报告,并在规定期限内研究形成《高速铁路交通事故调查报告》,查明事故发生的经过、原因、人员伤亡情况及直接经济损失;认定事故的性质和事故责任；提出对事故责任者的处理建议；总结事故教训，提出防范和整改措施建议。《高速铁路交通事故调查报告》报组织事故调查的机关同意后，铁路总公司、安全监管办的安全监察部门在事故调查组工作结束后，根据事故报告，制作《高速铁路交通事故认定书》，经批准后，送达相关单位。事故认定书是事故赔偿、事故处理以及事故责任追究的依据。事故调查中发现涉嫌犯罪的，事故调查组应当及时将有关证据、材料移交司法机关。铁路总公司发现安全监管办对事故认定不准确时，应予以纠正。必要时，可另行组织调查。事故责任单位接到《高速铁路交通事故认定书》后，于7日内填写《高速铁路交通事故处理报告表》，按规定上报《高速铁路交通事故认定书》制作机关。

（五）健全的检查监督队伍

中国高速铁路系统在运输安全管理上，实行行业主管部门垂直管理体制。铁路总公司按照《铁路法》赋予的职责，行使高速铁路行业安全监管职责，并在长期实践中形成了一套完整的制度体系。

铁路总公司作为国务院铁路主管部门负责全国的高速铁路运输安全监督管理工作，对地方高速铁路、专用高速铁路和高速铁路专用线进行指导、协调、监督和帮助，主要职责为加强高速铁路运输监督管理，建立健全事故应急救援和调查处理的各项制度，按照国家规定的权限和程序，负责组织、指挥、协调事故的应急救援和调查处理工作。铁路总公司内设安全监察司，由行车安全处、劳动安全处和综合处共3个处、21人组成，主要职责为监督、指导部属单位安全生产和安全管理工作，拟定高速铁路行车、路外伤亡、职工伤亡等事故处理规则及安全监察工作规章和制度，组织高速铁路行车重大事故、重大职工死亡事故、锅炉压力容器爆炸事故的调查处理等工作。铁路总公司在全国高速铁路范围内按区域设立6个安全监察特派员办事处，每个办事处6人，作为铁路总公司派出机构，在授权范围内行使安全监督管理职权。

依据《高速铁路运输安全保护条例》赋予的政府职能，经中编办批准，国务院铁路主管部门按照18个铁路局管辖范围设立了18个铁路管理机构，负责本区域内的铁路运输安全监督管理工作。各个铁路管理机构内设安全监察室，其主要职责为加强日常的铁路运输安全监督检查，指导、督促铁路运输企业落实安全管理的各项规定，按照规定的权限和程序，组织、参与、协调本辖区内事故的调查处理工作。各铁路管理机构根据管辖区域设立铁路办事处安全监察室，全国铁路共设有41个铁路办事处安全监察室，行使安全管理职权。

（六）需要建立完善的信息处理平台

目前部分铁路局既有的安全保障管理系统，虽然在管内的安全管理方面发挥了一定作用，但离构建安全检查监测保障体系还有很大的差距。关键就在于这些系统大多相对独立，信息没有为安全监督管理部门所共享，安全监督部门也缺乏有效的监控手段，同时各个专业系统需要进一步规范和完善，在某种程度上均存在着网络化、综合化程度不高、功能不够健全、标准不尽统一、数据格式多样、基础数据编码不完全一致、监测信息接入标准尚不规范等问题。主要表现在以下几方面：

（1）网络化程度不高。由于缺少网络的支持，大量日趋增加的安全监测信息依然要靠手工进行传递、上报，信息滞后，而且以手工方式上报的安全统计数据存在失真的可能，安全管理部门和相关领导难以客观真实全面地了解现场的实际安全状况。此外，由于没有大型数据库的支持，对低层上报数据的加工处理手段差，影响所提炼的信息质量，宝贵的安全监测数据不能长期保存，无法提炼升华为行车和维修提供管理决策信息。分散、孤立的安全监测设备需要网络的支持才能充分发挥其作用。

（2）对自然灾害的监测预警水平低。目前我国高速铁路还未形成完善的自然灾害监测报警系统，对自然灾害的抵御能力较差。对雨量、洪水、风雪等自然灾害的监测和对轨温、长大隧道、桥梁、列车等状态的监测，大多采用人工、间断收集信息的方式。因收集手段、方法的不同，收集的信息离散性大，信息的及时性、准确性差。同时，近一二年是我国灾害性天气多发的年份，因泥石流、水害、雪灾、火灾等自然灾害造成的高速铁路运输事故呈上升趋势。

（3）行车安全监控系统的综合程度不高。目前我国的安全监测技术的应用大部分仍然处在局部产品的单独应用阶段，并且分属不同部门，由不同业务管理、使用，相互之间没有建立通畅的信息交换和综合利用通道，信息相对封闭，信息资源不能共享，不能对多点或多项信息进行综合评判与利用，无法全面掌握了解行车安全状况及灾害预报报警情况，无法对路网上运行的不良设备状况进行监控与跟踪，更难以利用这些安全信息进行行车管理决策。而现阶段，系统化、综合化是世界行车安全监控系统和设备发展的总体趋势。因此国内的行车安全监控技术应向多功能化、系统集成化方向发展，加大投资，积极推广运用。在单项设备上，要不断扩展安全技术装备的功能，在系统层次上，高速铁路各个专业的安全监控系统要实现系统集成和信息共享。

（4）安全保障综合体系尚未建成。已有的安全保障设备均各自独立研究，自成体系，信息没有统一标准、不能联网传递、无法共享、大部分仍然处在局部产品的单独应用阶段；而且安全保障的措施研究缺乏连贯性和统一有序的规划，限制了安全设备向系统化、综合化发展。人员、设备、环境各方面的不安全因素相互作用，严重威胁着行车安全。对发生的事故缺乏科学分析，安全工作时紧时松，现在的高速铁路安全管理工作缺乏系统性，各部门人员各自为政，往往局限于某一方面，有章不循、违章违纪现象时有发生，制约了高速铁路安全检查监测保障体系的建立和发展。

因此，必须建设一个统一的网络化、综合化、集成化程度较高的安全检查监测保障体系的工作平台，即安全检查监督管理信息系统。

三、高速铁路运营安全检查监测保障体系构建思路

建设安全检查监督管理信息系统就是利用计算机和网络手段，将各专业设备检查监测报警信息、安全检查信息、事故调查分析处理信息等采集、传输、入库，形成可以共享的数据平台，通过对数据进行分析汇总等加工处理，为各级安监部门及相关业务人员提供交通安全服务，加强对高速铁路安全的监督和管理。该系统的建立将促进各专业安全检查监测系统的完善，实时、准确地搜集和传递安全检查监测信息，加强安全报警信息处置过程（包括人工

检查）作业监控，实现信息共享，及时发现和解决安全生产中的关键性、倾向性、前瞻性问题，加强安全监测信息的管理和分析，强化安全监督作用。按照专业建设、专业管理、专业运用的原则，在不断完善专业监测系统的前提下，高速铁路安全监督管理信息系统将逐步丰富和完善专业监测信息的接入和运用，与各专业监测系统共同构成全方位、立体化的高速铁路安全检查监测信息技术保障体系。

依据上述高速铁路安全检查监测保障体系需要建设的主要内容，结合我国高速铁路安全管理现状及实际需求，构建高速铁路安全检查监测保障体系的总体思路如下：

按照专业建设、专业管理、专业运用的原则，以时速 200 km 及以上提速设备为重点，依靠先进可靠的检查监测工具和手段，采取人机结合、动态检测和静态监控结合的方式，以各专业监测系统和管理信息系统、安全管理信息系统为基础，以安全检查监测、安全诊断评估、安全信息反馈处理、安全问题跟踪落实四个环节为重点，在统一的信息平台上，通过对各种安全检查和监测信息进行综合分析，按照规范的信息处理流程，实现信息在相关作业、管理环节间受控流转和综合运用，使相关人员及时掌握设备质量、现场作业和安全管理中存在的问题，制定和完善相关的制度和措施，保证问题得到及时整改，实现安全生产有序可控；实现对主要行车设备、主要行车岗位、安全关键部位全方位、全过程的检查监测、信息反馈、考核评估，加快形成监控有力、反应灵敏、闭环管理的高速铁路安全检查监测保障体系。具体分为以下几个方面：

（1）安全检查监测。高速铁路各业务部门需要逐步装备和运用先进的检测手段，实现对本系统主要行车设备的动态监控。如：工务部门要充分利用综合检测车、轨检车、车载式检查仪和轨检仪，以及三维精测等手段，对所有正线线路质量进行动态检测监控，实时掌握线路质量变化情况，及时处理线路故障。电务部门要充分利用信号微机监测系统，对电务设备特别是轨道电路、道岔转辙机、CTCS—2 列控系统等关键设备，进行动态检测监控，实时掌握设备运行情况，及时消除质量隐患。车辆部门要进一步扩大"5T"系统覆盖范围，加强对车辆质量的实时监控，实现故障信息预警。机务部门要充分利用机车运行监控系统和接触网检测装置，对机车、牵引供电设备实施有效监测，为提高机车操作水平和设备检修质量提供指导。调度部门要进一步完善列车运行状态信息系统，充分发挥列车调度监控系统的作用，实现对列车运行状态的准确掌握和高效安全指挥。

（2）安全信息诊断评估。要以专业部门为主，综合部门和安全监察部门参与，加快建立铁路总公司、铁路局、站段三级固定设备和移动设备安全运行信息诊断评估网络，建立和完善行车设备安全运行和故障信息收集、分析、诊断和评估制度办法，明确诊断评估标准，规范作业流程，实现安全信息资源的科学合理利用，形成指导安全生产的有效依据。

（3）安全信息反馈处理。按照信息反馈及时、准确、高效的原则，抓紧建立各专业、各系统安全信息反馈处理平台，完善日常管理、监督、考核制度，落实管理责任；进一步健全部门间、系统间、铁路总公司与铁路局、铁路局与站段间信息沟通、交换、共享机制，最大限度地提高安全信息资源的利用率。

（4）跟踪落实。按照分级控制、分层管理、分类处置的原则，建立完备的安全问题信息库，铁路总公司、铁路局、站段检查监测诊断发现的问题，全部建档入库、分类管理、动态更新；建立通畅的信息传输通道，确保各类安全问题信息及时、准确传递到责任部门和运输一线；建立问题整改落实机制，充分发挥铁路总公司、铁路局、站段安全监察队伍作用，加强对问题整改情况的检查,及时处理各类安全隐患和问题。

(5)实现安全检查监测信息的分类掌握、分级管理、信息共享、综合运用。所谓分类掌握、分级管理就是将信息按专业分类别进行采集、传递、处理、统计、分析、反馈,并根据信息对安全的影响程度进行筛选,分为三个等级,分别由铁路总公司、铁路局、站段进行监控。所谓信息共享、综合运用就是要对检查监测设备发现的信息,与人工检查复核、日常检查情况结合起来,及时发现关键性、倾向性问题,有针对性的加强检查监督,超前防范。

做到现场能监控、超限能报警、处置能追踪、数据能分析、结果能反馈,形成闭环管理的安全检查监测保障体系。

四、高速铁路运营安全检查监测保障体系总体框架

根据以上构建思路,得出高速铁路安全检查监测保障体系的总体框架,如图 4.4 所示。

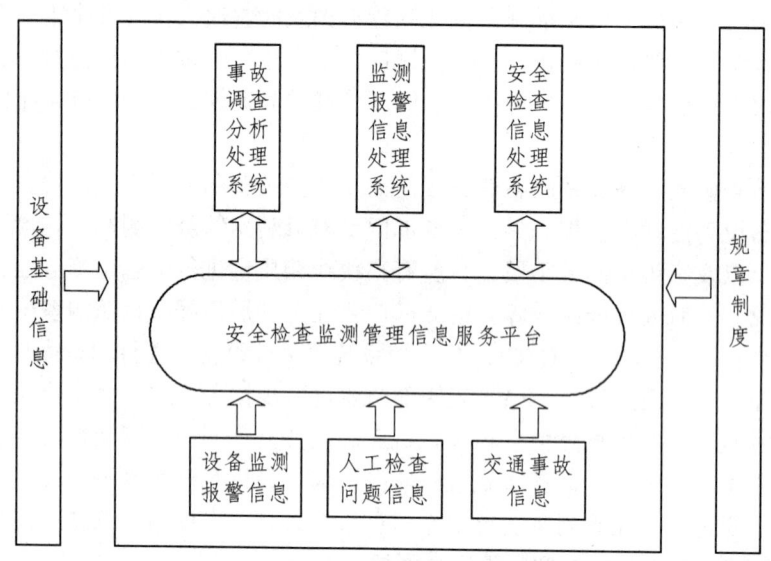

图 4.4 高速铁路安全检查监测保障体系总体框架示意图

高速铁路安全检查监测保障体系总体框架,具有以下三方面的含义:

一是以共享的规章制度为支撑,即以《技规》《行规》《站细》《段细》及有关设备质量标准、作业规程为核心,铁路总公司、铁路局、站段分别建立分专业的规章制度信息库。

二是以各种设备基础信息平台为支撑,将工务、电务、牵引供电等固定设备基础信息,机车运用、列车运行、现场管理、货物装载等移动设备等实时信息,按权限实现共享。

三是构建安全检查监测保障信息服务平台。该平台是高速铁路安全检查监测保障体系的工作平台,主要由监测报警信息处理、安全检查信息处理和事故调查分析处理三个核心子系统构成。该平台在铁路总公司、铁路局建立统一的高速铁路安全监督管理信息共享平台,整合、接入既有成熟的各专业安全监测报警、人工检查问题和事故调查分析等信息,实现铁路总公司、铁路局和站段的高速铁路安全监督管理三级联网和安全信息的共享,提供安全信息的综合管理、分析决策和信息服务;通过监测报警信息处置、安全检查信息处置、事故调查

分析处置和综合分析处置四个闭环管理，掌握全路安全动态，切实提高高速铁路安全监督管理的实时性、针对性和有效性，形成系统化、网络化、信息化程度较高的高速铁路安全检查监测保障体系。

其中监测报警信息处理系统利用现代信息技术，建设系统化、网络化、信息化程度较高的安全监测报警信息处理系统，将各专业监测系统的报警信息进行采集、存储，实现报警的联网实时监测和预警分析，实现跨专业信息共享，并与人工检查问题信息融合，为安全监督管理部门提供报警动态监测、报警处置监督、报警信息综合查询和分析等服务，防患于未然，是保障高速铁路运输安全的有效途径。该系统的建立将促进各专业安全检查监测系统的完善。按照成熟一个接入一个的原则，该系统将逐步丰富和完善各专业监测信息的接入和运用，与各专业监测系统共同构成全方位、立体化的高速铁路安全检查监测信息技术保障体系，提升高速铁路安全管理水平，保障高速铁路安全持续稳定。

安全检查信息处理系统，采用计算机、网络、数据库手段，运用工作流技术将安全问题发现、处理、整改、反馈、销号等进行闭环的信息化处理，并进行安全质量的量化考核评分，实现安全检查信息的"分类、分层、分权、分责"管理，实现业务的自动流转、信息的充分共享，加强安全检查信息及其处理情况的监督，充分发挥安全信息在安全生产中的实效、快捷、准确的处理与反馈功能，为各级相关业务管理人员、安全监察人员提供安全管理服务，通过对数据的统计、分析，及时捕捉到高质量的安全生产信息，以便正确分析安全生产形势，准确实施决策，达到安全预警、问题预防的目的。

事故调查分析信息处理系统，实现了事故管理的三级网络化应用，进一步规范了事故管理工作，实现了交通事故、设备故障和综合安全信息的全过程闭环管理。该系统的建设实施，可提高高速铁路安全监管的工作效率和管理水平，及时准确掌握高速铁路交通事故信息；提高信息数据的共享能力和获取能力，有助于交通事故信息的落实，以便事故责任的追究，防止和减少高速铁路交通事故的发生；提高数据统计的便捷性和准确性，准确、快速统计出各种报表，将安监人员从繁重的统计工作中解脱出来；能够进行多种类型、多个纬度的历史数据对比分析，为管理决策提供数据支持。实现高速铁路各级安全监督管理部门、业务部门、调度部门、办事处及基层站段在一个平台上完成，所有业务数据集中管理的目标。

建设高速铁路安全检查监测保障信息服务平台，就是要将安全检查监测信息变独立应用为联网应用，变单点监测为多点协同监测，变单项运作为综合运作，变粗放型管理为科学管理，以信息化带动行车安全监测技术设备的系统配套发展，形成系统集成的，网络化、信息化程度较高的安全检查监测保障体系。

安全检查监测保障体系着重强调安全监察职能的发挥，全面提升安全监督管理水平。安全检查监测保障体系的研究应该实现由以前出了事故再去救援的被动安全理念向以信息技术为实现手段的抓小放大、超前预防的主动安全理念转变。安全检查监测保障体系以保障运营安全为总体目标，以运营安全相关的固定设施、移动设备等为检测、监控和管理对象，以先进、成熟、经济、适用、可靠的信息技术为支撑，以信息系统为管理手段，通过不断集成与创新形成的对高速铁路运营安全态势分析、对可能发生的事故进行预警以及事故发生后应急救援的有机整体，以此指导高速铁路运营安全保障的控制、管理和决策工作。

第五章　高速铁路运营安全保障技术

随着中国高铁的发展,"四纵四横"高速铁路快速客运通道和六大城际快速客运系统的实现,高速铁路网在 2012 年和 2013 年形成网络效应,这对现有交通运输格局产生较大影响。高速铁路客运专线的建设和投入运营,有利于从根本上缓解高速铁路运输紧张的状况,提高高速铁路运输能力和服务质量,为基本实现现代化提供可靠运力保证;有利于完善综合运输体系,提供质量更高、更丰富的客运服务,满足旅客不同层次的需求;有利于促进资源节约和环境保护,可以发挥节约土地、能源以及安全性等比较优势,降低全社会的运输成本,促进沿线经济社会协调发展;有利于加快高速铁路现代化进程,带动中国经济建设的迅速发展,提高自主创新能力,并进一步加快中国高速铁路客运高速化的进程。2013 年中国高铁通车里程为 11 153 km。中国高铁建设将经历客运专线、城际铁路、城市地铁,"十三五"期间,中国将进入第二阶段,即以区域大城市为中心的城际铁路建设阶段。根据统计,各区域已有城际铁路规划达到 1.95 万 km,其中 2016—2020 年竣工里程达 1.1 万 km,加之在建的客运专线,预计"十三五"期间总竣工里程将达到 1.7 万 km,相比于"十二五"期间 1.6 万 km 增长 7%,年均竣工里程达到 3 400 km。

因此,建立科学可靠的安全保障系统是目前高速铁路建设的当务之急。本章从列车运行控制系统、火灾自动报警系统、综合监控系统及高速铁路控制中心系统等方面加以介绍,力图使人们了解高速铁路安全保障系统,减少高速铁路安全事故的发生,使高速铁路真正服务于社会,造福于人类。

第一节　列车运行控制系统

高速铁路的崛起和发展给世界铁路的振兴带来了勃勃生机,但同时对高速铁路通信信号等的装备也提出了更高的要求。当列车运行速度提高到某一限度时,司机瞭望和确认地面信号的时间很短,不能保证行车安全和效率,无法依靠地面信号显示正常行车。因此,随着列车运行速度和密度的不断提高,世界各国都在发展各自的列车运行控制系统。

我国的列车安全运行的自动控制系统是由综合调度指挥系统集中管理高速铁路上运行的所有列车,通过列车自动控制系统保证列车安全运行。自动控制列车按预定的速度运行,利用程控或遥控系统控制车站的进路等。目前普通列车上都装有 LKJ2000 型列车运行监控记录装置,是在 LKJ-93 型监控装置成功运用基础上,借鉴国内外先进列车超速防护及列车控制技术而研究开发的新一代列车超速防护设备,也是所谓的"黑匣子"。该设备是采用了先进的 32 位微处理器技术、安全性技术以及数字信号处理技术等来保证列车行车安全的控制装置。它是既有列车行车安全设备的升级换代产品。

LKJ2000 型列车运行监控记录装置主要由查询答应器、速度传感器、压力传感器、主机、机车信号指令系统和确认按钮、速度显示和电控制阀组成。另外还配有一个小巧的转接器，必要时往"黑匣子"的接口一插，只需要半秒钟，就可以把里面的全部信息调出来，输入到地面数据处理系统。其内部数据存储器采用大容量非易失性数据存储器（可不带电池长期保存数据）。转储器与车载主机的数据传输以及与地面微机的数据转录均采用 RS232 标准通信方式，通信具备数据校验功能。转储器既可转储 LKJ2000 型监控装置数据，也可转储 LKJ-93 型监控装置数据，并能自动识别不同设备类型及记录数据格式。

设备的传感器可以把机车行驶的状态、各部位动作情况以及变化数据，送进黑匣子存起来。存进去的信息包括：每个区间列车行驶的速度、行程距离、机车信号、乘务员对信号的确认情况，柴油机或电动机的转速、燃料油或电力的消耗等。同时记录出乘车日期、运行时间、机车型号、车次、乘务人员代号和列车种类等一共 22 项。一次可以记录连续运行一万公里的信息。而且能记录 30 min 以内的最新列车运行状态数据（事故发生后将自动停止记录），并且其记录密度远远高于监控主机数据记录密度，列车走行距离超过 5 m 时，将产生一次相关参数记录。因此在发生严重事故后可提供详细、准确的列车运行状态数据。

高速列车采用的是基于 GSM-R（铁路无线通信）的 CTCS-3 列控系统，如图 5.1 所示。该系统由车载子系统和地面子系统组成，可以实现移动闭塞，列车位置及列车移动授权由 GPS 和 GSM-R 传输解决，列车完整性检查和定位校核分别由车载设备和点式设备实现，使室外设备减至最少。我国的列车运行控制系统（CTCS）根据功能要求、运行速度和设备配置，分为 0 级～4 级。目前我国正在大力发展建设 CTCS-3 级列控系统。除了速度上的差别外，与 CTCS-2 级列控系统相比，CTCS-3 级列控系统增加了无线闭塞中心（RBC）来下达行车许可（MA），通过 GSM-R 网络通信实现了车—地间的双向通信。CTCS-2 是 CTCS-3 级列控系统的后备系统。在一些特殊状况下，列车需要在运行中从 CTCS-3 级列控降级为 CTCS-2 级控车。目前主要是分 CTCS-2、CTCS-3 两种不同级别的车，CTCS-2 又简称 C2 级别的是有 LKJ 接口的（LKJ 主要是运营在 C0 级别的线路上）。而 C3 级别的动车，没有同 LKJ 有接口。

地面设备主要检查列车在区间的位置，形成速度信号，向列车传送允许速度、线路参数等信息。车载设备主要由天线、信号接收单元、控制制动单元、司机控制平台显示器、速度传感器等组成。

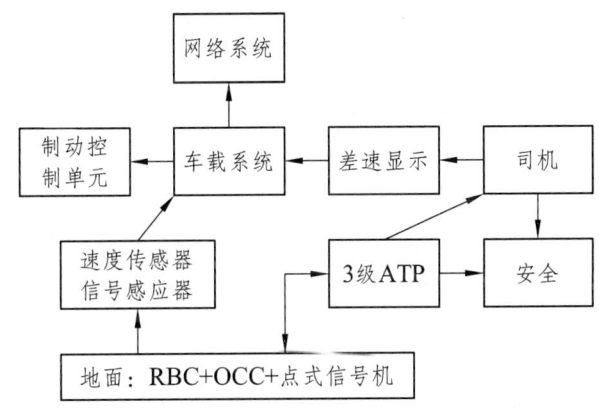

图 5.1　CTCS-3 结构原理示意图

列车是按地面传送的速度（或距离）信息，自动地控制列车运行的信号设备。后续列车根据与先行列车的距离和进路条件,连续地接收由地面传送的"目标速度"或"目标距离"等信息,自动控制列车的运行速度,并与实时采集的车速相比较,在超过规定的允许速度时,根据列车制动能力、实际载重及前方进路条件,获取最佳降速方案减速,必要时进行制动,实现超速防护,以确保列车高效、安全地运行。列车自动控制系统(Automatic Train Control,ATC)应包括列车自动保护系统(Automatic Train Protection,ATP)、列车自动监控系统(Automatic Train Supervision,ATS)和列车自动运行系统(Automatic Train Operation,ATO)三个子系统。装备列车自动控制系统的列车,按调度人员设置的行车时刻表,实现自动运行、自动折返、自动调整停站时分以及列车在车站的程序定位停车控制,也可以实现无人驾驶。

一、列车自动防护系统(ATP)

随着时代的进步,列车速度也在日益提高,靠地面信号的行车已不能保证行车的安全,必须靠车载信号对列车实施运行控制,所以列车自动防护系统成为保证行车安全的重要技术装备。可以说,列车自动防护系统是一种带速度控制的系统,它用于补充原来线路上的信息。列车自动防护系统在保证列车高速、安全运行中起着举足轻重的作用。除此之外,它还是一种可以实现以车载设备为主的行车方式。ATP系统是确保列车安全运行的关键设备,它的主要作用是防止列车在任何区间运行中超过机车车辆的构造速度、线路允许速度和对应于不同岔道的限制速度。

ATP的主要工作原理是将信息不断地从地面传到车上,从而得到列车当前允许的安全速度,以此来实现对列车的监督及管理。

高速铁路的一个显著的特点就是列车间隔时间短。在如此短的列车间隔条件下,作为确保列车安全的信号系统已经不能以地面信号显示作为控制列车速度的主要手段,而必须有一个高度可靠地、连续不断地实现速度显示和速度监督的防护系统。

列车运行自动控制由三个子系统组成,分别是:列车自动防护(ATP)、列车自动驾驶(ATO)以及列车自动监督(ATS)。其中ATP是一个关键的列车自动防护系统,它的主要作用是对列车进行自动防护,负责列车的安全运行,控制列车运行的间隔。在列车的运行中,尤其是在十分注重设备的列车运行控制当中,ATP的安全决定了整个列车的安全,因此在列车运行控制中起着不可忽视的作用。

ATP系统在高速铁路中承担着确保行车安全的重要职责,是ATC系统中最重要的一环。在评价ATP系统时,总是把可靠性和安全性放在首位。

ATP系统具有以下功能:

(1)自动连续地对列车位置进行检测,并向列车发送必要的速度、距离、线路条件等信息,以确定列车运行的最大安全速度。提供列车速度保护,在列车超速时提供常用制动或紧急制动,保证前行与后续列车之间的安全间隔,满足正向行车时的设计行车间隔和折返间隔。对反向运行列车能进行ATP防护。

(2)确保列车进路正确以及列车的运行安全;确保同一路径上的不同列车之间具有足够的安全距离,防止列车侧面冲撞。

(3)防止列车超速运行,保证列车速度不超过线路、道岔、车辆等规定的允许速度。

（4）为列车车门的开启提供安全、可靠的信息。
（5）根据联锁设备提供的进路上轨道区间运行方向，确定相应轨道电路发码方向。
（6）任何车—地通信中断以及列车的非预期移动（含退行）、任何列车完整性电路的中断、列车超速（含临时限速）、车载设备故障等均将产生安全性制动。
（7）实现与 ATS 的接口和有关的信息交换。
（8）系统自诊断、故障报警和记录。
（9）列车的实际速度、推荐速度、目标速度、目标距离等信息的记录和显示。具有人工或自动轮径磨耗补偿功能。

二、列车自动运行系统（ATO）

ATO 装置让列车可以在无人驾驶（有时有司机监控）下，自动开停车，自动开关门。当驾驶室有司机的时候，可以由司机负责开门和关门，关好门后按下启动按钮，列车便自动开车，并根据讯号系统的指示来行车，到达停车站时自动停车。ATO 装置可以根据自动列车控制装置（ATC）或自动列车保障装置（ATP）等讯号系统所提供的讯号自动加减速，使用 ATO 装置可以令列车减少加减速的时间和长度，从而增加列车的班次。

ATO 装置的好处，在某种程度上可以减少人为的失误，不过在香港高速铁路列车上的 ATO 装置（因使用空气制动），有时亦出现因制动系统的气压偏差或路轨湿滑而导致列车过早停下来或超过停车位置的情况，需要司机用人手模式（RM-Mode）修正停车位置。

列车自动运行系统主要实现"地对车的控制"，即用地面信息实现对列车驱动、制动控制。由于使用 ATO，列车可以经常处于最佳运行状态，避免过于剧烈的加速和减速，因此可以显著的提高旅客的舒适度，提高列车的准点率及减少轮轨磨损。通过与列车自动再生制动配合，还可以节约列车能耗。此外，ATO 还可以缩短列车间隔，提高线路利用率和行车安全可靠性。

ATO 系统主要具备以下功能：
（1）自动完成对列车的启动、牵引、巡航、惰行和制动控制，以较高的速度进行追踪运行和折返作业，确保达到设计间隔及运行速度。
（2）在 ATS 监控范围的人口及各站停车区域（含折返线、停车线）进行车—地通信，将列车有关信息传送至 ATS 系统，以便于 ATS 系统对在线列车进行监控。
（3）控制列车按照运行图进行运行，达到节能及自动调整列车运行的目的。
（4）ATO 自动驾驶时实现车站站台定点停车控制、舒适度控制及节省能源控制。
（5）根据停车站台的位置及停车精度，自动对车门进行控制。
（6）与 ATS 和 ATP 结合，实现列车自动驾驶、有人或无人驾驶。

三、列车自动监控系统（ATS）

列车自动监控系统主要是实现对列车运行的监督，辅助行车调度人员对全线列车运行进行管理。它可以显示全线列车的运行状态，监督和记录运行图的执行情况，为行车调度人员调度指挥和运行调整提供依据。如列车偏离运行图时及时做出反应等。通过 ATO 接口，ATS 还可以向旅客提供运行信息通报，包括列车到达时间、出发时间、列车运行方向、中途停靠点信息等。

ATS 系统能够实现以下基本功能：

（1）通过 ATS 车站设备，能够采集轨旁及车载 ATP 提供的轨道占用状态、进路状态、列车运行状态以及信号设备故障等控制和监督列车运行的基础信息。

（2）根据联锁表、计划运行图及列车位置，可自动生成输出进路控制命令，并传送至车站联锁设备，设置列车进路、控制列车停站时分。

（3）列车识别跟踪、传递和显示功能。系统能自动完成正线区段内列车识别号（服务号、目的地号、车体号）跟踪。列车识别号可由中央 ATS 自动生成或调度员人工设定和修改，也可由列车经车—地通信向 ATS 发送识别号等信息。

（4）列车计划与实际运行图的比较和计算机辅助调度功能。能根据列车运行实际的偏离情况，自动生成调整计划供调度员参考或自动调整列车停站时分，控制发车时间。

（5）ATS 中央故障情况下的降级处理，由调度员人工介入设置进路，对列车运行进行调整，由 ATS 车站完成自动进路或根据列车识别信号进行自动信号控制，由车站人工进行进路控制。

（6）在计算机辅助下完成对列车基本运行图的编制及管理，并具有较强的人工介入能力。通过设在车辆段的终端，向车辆段管理及行车人员提供必要的信息，以便编制车辆运用计划和行车计划。

（7）列车运行显示屏及调度台显示器，能对轨道区段、道岔、信号机和在线运行列车等进行监视，能在行调工作站上给出设备故障报警及故障源提示。

（8）能在中央专用设备上提供模拟和演示功能，用于培训及参观。能自动进行运行报表统计，并根据要求进行显示打印。

（9）能在车站控制模式下与计算机联锁设备结合，将部分或所有信号机置于自动模式状态。

（10）向无线通信、广播、旅客向导系统提供必要的信息。

四、ATC 系统的分类

ATC 系统按闭塞布点方式可分为固定式和移动式。固定闭塞方式中按控制方式又可分为速度码模式（台阶式）和目标距离码模式（曲线式）。

1. 固定闭塞 ATC 系统

固定闭塞 ATC 系统是指基于传统轨道电路的自动闭塞方式，闭塞分区按线路条件经牵引计算来确定，一旦划定将固定不变。列车以闭塞分区为最小行车间隔，ATC 系统根据这一特点实现行车指挥和列车运行的自动控制。固定闭塞 ATC 系统又可分为速度码模式和目标距离码模式。

（1）速度码模式（台阶式）。

固定闭塞速度码模式 ATC 是基于普通音频轨道电路，轨道电路传输信息量少，对应每个闭塞分区只能传送一个信息代码，从控制方式可分成入口控制和出口控制两种，从轨道电路类型划分可分为有绝缘和无绝缘轨道电路两种。

以出口防护方式为例，轨道电路传输的信息即该区段所规定的出口速度命令码。当列车运行的出口速度大于本区段的出口命令码所规定的速度时，车载设备便对列车实施惩罚性制动，以保证列车运行的安全。由于列车监控采用出口检查方式，为保证列车安全追踪运行，需要一个完整的闭塞分区作为列车的安全保护距离，限制了线路通过能力的进一步提高和发挥。能提供此类产品的公司有：英国 WSL 公司、美国 GRS 公司、法国 ALSTOM 公司、德国 SIEMENZ 公司等。

（2）目标距离码模式（曲线式）。

目标距离码模式一般采用音频数字轨道电路或音频轨道电路加电缆环线或音频轨道电路加应答器，具有较大的信息传输量和较强的抗干扰能力。通过音频数字轨道电路发送设备或应答器向车载设备提供目标速度、目标距离、线路状态（曲线半径、坡道等数据）等信息，车载设备结合固定的车辆性能数据计算出适合于列车运行的目标距离速度模式曲线（最终形成一段曲线控制方式），保证列车在目标距离速度模式曲线下有序运行。这不仅增强了列车运行的舒适度，而且列车追踪运行的最小安全间隔缩短为安全保护距离，有利于提高线路的通过能力。

2. 移动闭塞 ATC 系统

移动闭塞方式的 ATC 系统通常采用无线通信、地面交叉感应环线、波导等媒体，向列控车载设备传递信息。列车安全间隔距离是根据最大允许车速、当前停车点位置、线路等信息计算得出，信息被循环更新，以保证列车不间断收到即时信息。

移动闭塞 ATC 系统是利用列车和地面间的双向数据通信设备，使地面信号设备可以得到每一列车连续的位置信息，并距此计算出每一列车的运行权限，动态更新发送给列车，列车根据接收到的运行权限和自身的运行状态，计算出列车运行的速度曲线，实现精确的定点停车。实现完全防护的列车双向运行模式，更有利于线路通过能力的充分发挥。

目前国外能提供和应用移动闭塞 ATC 系统的公司有：阿尔卡特公司交叉感应电缆作为传输媒介的 ATC 系统，在加拿大温哥华"天车线"和香港 KCRC 西部高速铁路等应用。它的技术比较成熟，但交叉感应轨间电缆给线路日常养护带来不便。美国哈蒙公司基于扩频电台通信的移动闭塞应用在旧金山 BART 线，其系统结构、系统运用尚不成熟。阿尔斯通公司基于波导传输信息的移动闭塞正在新加坡西北线试验段安装调试。

第二节 环境监测与灾害预测预警系统

环境监测与灾害预测预警系统，主要对可能发生的灾害、突发性灾害等各种可能发生的灾害，实施全面、准确、实时的安全监控。对各类灾害监测的原始信息，通过灾害预测预警模块的数据处理、分析与判断后，根据灾害的性质和级别，对运动中的列车或实施预警、或限速运行、或中止行车，以确保高速列车运行安全。

需要采集的信息：铁路沿线天气状况，包括一般天气状况和灾害性天气状况（强风、大雨、大雪等）；自然灾害多发地段线路完整状况、线路塌方、泥石流等的灾情；道口等外部环境敏感点的安全状态等。

第三节　设施装备的监测与在线诊断系统

设施装备的监测与在线诊断系统集中对全线的线路、桥梁、信号及相关的控制设备的状态进行综合检测，包括周期性、实时检测。监测系统运行是否正常，各监测点及车站信息处理中心是否正常工作，确认各种主要设备的技术状态是否完好。建立通信网管监测系统、各专业机房环境监测系统，及时掌握工务、电务设备及其工作环境的状态，合理安排维修，保证系统正常运转，防事故于未然。主要包括：轨温监测诊断系统、牵引供电安全在线监测诊断系统、机车走行部故障在线诊断系统。设施装备的监测与在线诊断系统如图5.2所示。

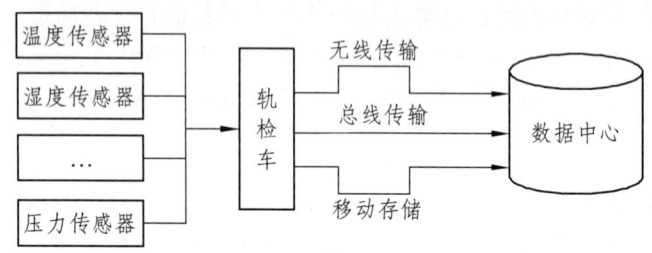

图 5.2　设施装备的监测与在线诊断系统

第四节　事故救援和减灾系统

安全保障系统的作用是保护列车的安全，避免事故发生，尽管高速铁路为保证行车安全采取了各种措施，但仍可能有不可预见的事故发生。因此，除了采取各种防患于未然的措施，还应具备各种应急救援、事故处理、灾后恢复等设备和能力，建立一套完备的事故救援和减灾系统，对减少人员伤亡、减轻事故损失具有非常重要的意义。主要包括：应急救援指挥与信息发布系统、预案及事故资料管理系统、应急救援辅助决策系统、救援资源管理系统、应急演练管理系统。

第五节　环境与设备监控系统

一、BAS 系统

高速铁路具有高速、安全、准时和载客量大的特点，是现代城市解决交通拥堵最有效的手段。高速铁路车站及沿线分布着众多各类机电设备，它们为高速铁路的安全运营和营造舒适的乘车环境提供了保证。但由于机电设备种类和数量众多，分布广，控制要求复杂，因此需要用一套专门的监控系统，采用现代计算机控制和网络技术对高速铁路车站的隧道通风系统、空调通风系统、空调水系统、车站给排水系统、车站照明系统、电扶梯系统和车站导向标志系统等机电设备进行自动化管理和控制，通过优化控制实现高速铁路的安全高效运行。这套系统就是高速铁路环境与设备监控系统，即 BAS（Building Automation System）系统。

（一）BAS 系统的功能

BAS 的控制范围包括车站空调通风及防排烟系统，区间隧道通风及防排烟系统等环控系统及高速铁路建筑附属机电设备等。

一般来说，BAS 由两级（中央级和车站级）管理体系组成，实现三级（控制中心、车站控制室和就地控制面板）控制功能，监控、管理车站和区间隧道的机电设备。按设置功能、系统运行工况、高速铁路环境标准等要求进行自动化管理，实现程序自动、实时、定时控制开启和关停，监视设备运行状态；采集和处理有关信息，进行运营历史资料管理，检测环境参数和调节环境的舒适度，为高速铁路乘客创造舒适和安全的乘车环境；正常情况下实现被控对象的节能优化运行，在列车阻塞和火灾等灾害情况下，接受并优先执行防灾报警系统指令，调度相关设备按预定模式运行，创造人员安全撤离必要的环境条件。

BAS 完成对车站设备的检测与控制，对设备故障进行检测和报警，接受控制中心发布的监控指令，执行控制中心指定的运行模式，可修改运行参数，自动调整运行工况。车站系统受控于控制中心，但当公共信息网故障时，车站系统可独立运行。接受 FAS 发送的救灾命令，启动相应火灾运行模式。接受 ATC 发送的列车阻塞信息，由调车人员确认后，启动相应阻塞运行模式。BAS 在满足环境舒适度和功能要求的条件下，实现节能运行。

1. 中央控制中心 BAS 功能

中央控制中心 BAS 的主要功能如下：
（1）监视全线各车站各个设备的运行状态并控制设备的运行。
（2）与 ATC、GPS 等系统进行通信。
（3）存储并处理历史信息。

2. 车站 BAS 主要功能

车站系统正常运行时受控于中心主控级，在全线系统网络故障时，具备离网独立工作的能力。其主要功能如下：

（1）监视功能。
① 监视和记录车站、区间各系统受控设备的运行状态及参数。
② 监视和记录车站典型区域测试点的温度、湿度和室外温度、湿度等环境参数。
③ 对风机设备、水泵设备、供水设备、空调设备、PLC 设备、给排水设备、扶梯设备、照明设备、导向设备进行实时状态显示，包括设备良好运行情况、流向、走向、名称、布局信息。

（2）控制与调节功能。
① 车站控制系统具有 PID 调节控制、逻辑控制和模式控制功能。
② 对车站及所辖区间隧道内的所有被控设备进行有效控制。

③ 对所有被控设备实现单独控制、程序控制和各种模式手动/自动控制。

④ 控制器根据环境参数对空调系统设备进行运行工况的转换，并进行最优化控制，达到节能运行的目的。

（3）报警处理功能。

① 将车站被控设备运行状态、报警信号及测试点数据及时送至控制中心，并接受中央级的各种监控指令和运行模式。

② 接受车站级 FAS 的指令,控制车站通风空调及相关设备转入灾害模式下运行,并向 FAS 反馈执行信息。

③ 当监控站出现故障时，可以通过 IBP 控制通风排烟设备按灾害模式运行。

④ 车站 BAS 监控工作站具有声光报警、报警画面自动弹出、报警确认和报警处理等功能。

（4）统计分析功能。

BAS 系统可以对车站的每个设备的信号趋势做统计分析，以点线图的形式表示，例如对温度、湿度、回水压力等进行统计分析。

3. 就地级设备主要功能

就地级控制器通过车站控制网与车站控制机通信，接收控制指令并对现场设备进行就地控制，满足设备的现场调试要求，同时将设备运行状态和参数传送到车站控制机。

就地级控制器（模块箱、远程 I/O 箱）与被控设备、传感器和执行器连接，实现状态信息的采集、监视和控制信号的传输。

（二）BAS 系统的结构

一般来说，高速铁路 BAS 由设置在控制中心的中央级监控系统、设置在车站控制室的车站级监控系统，以及就地级监控设备形成的三级监控管理系统组成。

系统的网络结构分为车站监控系统局域网、高速铁路主干通信网和控制中心局域网。车站局域网与控制中心局域网均采用冗余的高速以太网，局域网之间通过主干网进行数据和命令的传输。

车站监控系统由车站控制室 BAS 监控设备、监控局域网、分布于现场的模块箱、I/O 箱组成车站级的分散控制结构，为适应车站环境，车站监控系统亦采用两级网络。

（1）利用通信交换机设备，形成的以太双环网，将车站监控工作站、分散安装于车站两端环控电控室、照明配电室的控制站连接起来，作为车站级的监控主干网。

（2）利用现场控制网，将环控电控室、照明配电室的控制站与通风机房、区间及出入口的 I/O 站连接起来，形成现场级的控制网络。

（3）由于多数现场站均设置 CPU 处理器，因此可以真正形成一个集散型控制系统（DCS），分解控制任务、降低控制风险并有效地将故障隔离在小范围内。

二、电力监控（SCADA）系统

高速铁路电力监控系统主要是对高速铁路全线各类变配电所、接触网等电力设备运行情况进行分层分布远程实时监视和控制，处理供变配电系统的各种异常事故及报警事件，保障系统的正常运行，同时提升供变配电系统调度、管理及维修的自动化程度，提高供电质量，保证系统安全、可靠地运行。

（一）系统的构成

高速铁路电力监控系统经过多年的实践，单条线路基本上按照两级管理、三级控制方式进行使用和管理，与之相适应的监控系统架构考虑高速铁路的地域分布特点，监控系统采用分层分布的结构体系。分层分布系统架构在监控系统中属于大型复杂系统的系统结构，适用于跨地域、多层次、分级别的大型自动化系统，这种结构既满足目前高速铁路的电力应用需求，也满足今后高速铁路横向规模综合和纵向应用综合的两度应用发展对支持系统的基础架构要求。

两级管理分别是中央级和车站级，三级控制分别是中央级、车站级和现场级。它们之间既相互联系又相对独立，分层分布原则确保了层次间的相对独立性，有效分解了系统的复杂度，提升了系统的可实施性；冗余和动态分布原则极大提升了系统的并行度，结合多种软、硬件隔离和抗干扰措施，软件支持 1+IV 冗余调度，实现系统高可用性。

1. 主站

主站一般设置在高速铁路控制中心大楼内。主站系统采用计算机网络技术、客户机服务器模式及主从网络节点方式。配置服务器、调度工作站、系统维护工作站、前置通信处理、行调显示终端设备，设置实时数据、程序、统计报表、画面拷贝等打印机及实时监控供电系统概况的模拟盘或投影仪等重要设备冗余设备，以提高系统可靠性。系统还配备保证系统供电的不停电电源装置。

系统采用开放式局域网结构，网络系统符合国际网络互联网标准，软硬件采用国际流行、标准化、通用性强的产品。因此，这不仅有利于网络的发展，而且支持网际互联，为将来与各种网络系统及其他所需系统联网，提供了方便。

2. 被控站

被控站设在主变电所、牵引降压混合所及降压变电所。变电所采用分层分布式变电所综合自动化系统，主要有站级管理层设备、所内现场通信网络以及间隔设备层单元组成，完成对变电所机器范围内供电设备的保护、控制、信号、测量和自动装置、远程通信的功能。

3. 数据传输通信通道

系统采用通信专用配置的专用数据传输通道，通道结构一般采用点对点式结构。

4. 监控对象

监控对象分为遥控对象、遥信对象和遥测对象。

（1）遥控对象。

① 主变电所、牵引变电所、降压变电所内 10kV 及以上电压等级的断路器、负荷开关及电动隔离开关。

② 牵引变电所的直流快速断路器、直流电源总隔离开关、降压变电所的低压进线断路器、低压母联断路器、三级负荷低压总开关。

③ 接触网电源隔离开关。
④ 有载调压变电器的调压开关。
（2）遥信对象。
① 遥控对象的信号位置。
② 高中压断路器、直流快速断路器的各种故障、跳闸信息。
③ 变压器、整流器的故障信号。
④ 交直流电源系统的故障信号。
⑤ 降压变电所低压进线断路器、低压母联断路器的故障信号。
⑥ 钢轨电位限制装置的动作信号。
⑦ 预告信号。
⑧ 断路器手车位置信号。
⑨ 无人值班变电所的大门开启信号。
⑩ 控制方式。
（3）遥测对象。
① 主变电所进线电压、电流、功率、电能。
② 变电所中压母线电压、电流、功率、电能。
③ 牵引变电所直流母线电压。
④ 牵引整流机组电流、电能、牵引馈线电流、负极柜回流电流。
⑤ 变电所交直流操作电源的母线电压。

（二）系统的功能

城市轨道监控应用中心系统通常采用主备冗余系统，它对全线重要监控对象的状态、性能数据进行实时收集和处理，通过各种调度员工作站以图形、图像、表格和文本的形式显示出来，供调度人员控制和监视。同时系统根据一定的逻辑关系自动向分布在各站点的被监控对象或系统发送模式、程控、点控等控制命令，由调度员人工发布控制命令，从而完成对全线供电设备集中监控和调度管理，确保轨道交通的供电质量和供电安全。

车站级电力监控系统对本站供电设备监控对象的状态、性能数据进行实时收集和处理，当中心系统或通信网络发生故障时，该系统可对车站范围内的供电设备进行控制，形成多级冗余。

现场级测控设备与监控系统的中心和车站级均有通信接口。它们位于各监控对象附近，起接口转换、信息采集、传送、汇聚、命令接收、执行和反馈作用。通常采用工业控制网络或现场总线分散控制结构，自律式控制器保证系统的安全可靠。现场级测控设备通常设置当地/远方功能，为系统的现场维护调试和特殊情况提供现场操作选择。

（三）系统的结构

1. 硬件结构

一般来说，轨道交通供电监控系统分为三大块：设在控制中心的中央电力调度系统、各变电所内的变电所综合自动化系统及通信通道三大部分。大多采用如图 5.3 所示的硬件结构。

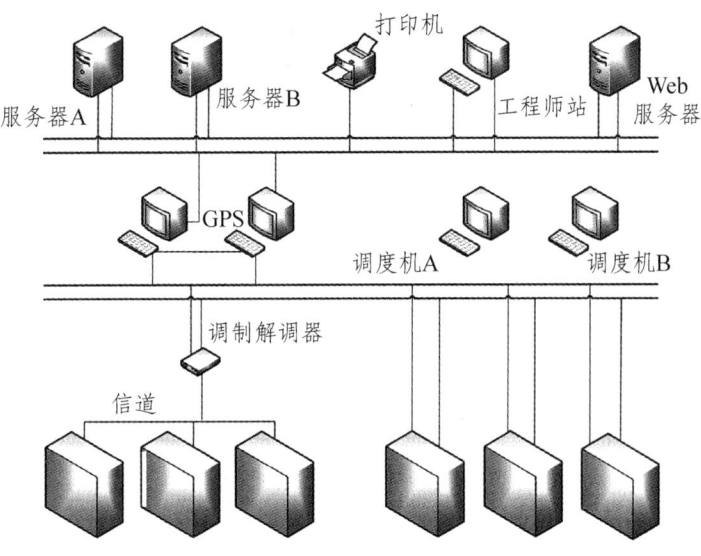

图 5.3 硬件结构

系统由前置网、后台实时网组成。前置机和现场远程终端服务器（Remote Terminal Unit，RTU）都连接在实时数据网上。历史服务器、Web 服务器、操作员站、工程师站共用一个后台高速以太网（Ethemet）。

早期采用国外进口的 SIEMENS 公司的系统，也采用了类似的架构，只是在服务器功能分配上和国内公司的 SCADA 产品有所不同，它考虑到成本问题，而采用了相对简化的系统架构，但本质上没有什么不同。

2. 软件结构

两台互为热备用的前置机挂在前置网上，构成前置数据采集系统，负责与远方 RTU 通信，进行规约转换，并直接挂接在实时网上与后台系统进行通信。随着 TCP/IP 技术和通信技术的发展，现在大多采用具有网络接口的 RTU 设备直接挂接在前置网上。

实时网组成后台系统，负责与前置数据采集系统通信，完成 SCADA 的后台应用。根据职责和功能的不同，实时网上可以配置系统维护工作站、调度工作站等，各类工作站的数目可依据实际需要进行配置。另外在实时网上配置了一个 WEB 服务器，用户通过它可以实现对实时网上数据和画面的浏览。

商用关系数据库系统（Oracle 或 Sybase）安装在后台服务器上，采用多客户（主、备）一服务器模式，数据库服务器节点由一主一备构成，以提高系统数据的安全性和可靠性。当一台出现故障时，另一台数据库马上接管全部服务。很多情况下，可以采用第三方的 cluster 集群软件，保证两台服务器的无缝切换，无信息的丢失。SCADA 的历史数据库和系统参数数据库使用商用数据库。

为满足实时性的要求，在前置机上安装实时数据库。利用实时数据库的快速反应性能，对实时数据进行处理。实时数据库、商用数据库之间相互独立，通过软件数据总线实现数据联结，使系统满足调度自动化实时性的要求，同时也充分利用了商用数据库的数据管理能力；两个数据库之间的数据冗余，提高了数据处理的可靠性。数据库访问语言采用满足 ANSI 标准的 SQL 查询语言和 C/C++语言函数 API 接口。

三、火灾自动报警(FAS)系统

火灾报警系统主要由设置在沿线各车站、区间隧道、控制中心大楼、停车场、主变电站等与高速铁路运营有关建筑与设施的火灾报警系统设备以及相关的网络设备和通信接口组成,一般由中央级和车站级二级系统组成,采用控制中心的中控级和车站级二级监控管理方式。

(一)FAS 系统构成

1. 高速铁路全线 FAS 系统构成

高速铁路 FAS 系统按两级(中央、车站)管理三级(中央、车站、就地)控制设置全线系统。FAS 系统作为二级管理系统,由设置在 OCC 的环调工作站、车辆段的维修工作站和设置在各车站车控室、车辆段和主变电所等地的消防控制室的火灾自动报警系统及联系两系统的通信网络构成。

车站级火灾自动报警系统采用专用火灾报警控制盘。FAS 系统作为三级控制系统,第一级为中央级,是整个 FAS 集中监控中心,设置于全线控制中心大楼内;第二级为车站级,是 FAS 系统基本结构单元,设置于各车站的综控室以及车辆段等的消防值班室;第三级为现场就地控制级。

2. 中央级系统构成

中央级作为 OCC 管理全线火灾报警系统网络控制工作站,是整个系统的设备、管理和控制中心。它能实现对全线 FAS 系统和联动设备等的完全监视和控制,中央级通过图形和文字方式对全线各站 FAS 系统的智能探测器、手自动转换开关、监视模块、控制模块等设备的报警、故障、屏蔽、复位、反馈、控制等信息进行实时监视和处理。通过中央级工作站实现直接屏蔽、复位设备点、读取智能探测器工作参数、启动/停止联动控制设备等功能。在中心调度大厅内设置一套火灾自动报警控制器(网络型)、一套互为备用的图形工作站。

在控制中心大楼机房内设置主备服务器(视不同品牌的设备而定)、交换机等设备;火灾自动报警控制器(网络型)通过网络接口与全线火灾自动报警网络相连,作为网络的一个节点与各车站级火灾报警控制器(联动型)保持通信。工作站采用主、备机同时在线工作,并互为监视形式。平时备机同样接收并存储网络信息,当主机失效时,备机能无间断替代主机工作,并保持系统记录。FAS 控制中心控制器和图形工作站应预留一定的余量。

中央级设有联动控制台、防灾广播与电视监视切换装置以及防灾调度电话总机、与市消防、防汛、地震预报中心联系的外部电话等,并设置打印机、与相关系统接口等设备。在车辆段设 FAS 维修检测工作站,除具有维修功能外,还具有与系统管理工作站相同的功能。

3. 车站级系统构成

车站火灾报警控制器、图形显示终端和本管辖区域内的各种探测器、手动报警按钮、电话插孔、消防专用电话、控制联动设备、信号输入和信号输出模块等现场设备构成车站控制级火灾自动报警系统。

车站级(含控制中心大楼)在各车站、控制中心大楼等消防设备室设火灾报警控制器,能对其所辖范围独立执行消防监控管理；其管辖范围除车站外，还包括车站相邻的区间隧道和隧道中间风井。区间隧道和隧道中间风井的火灾报警以区间中心里程为分界点分别纳入紧邻的车站火灾自动报警系统。中间风井并接入相邻车站回路，由车站火灾报警控制器实施报警和联动控制。

车辆段和停车场信号楼控制室设置火灾自动报警器，作为车站级的火灾自动报警系统控制器与全线火灾自动报警系统直接联网。视车辆对区域的规模，在车辆段综合楼、运行库的消防控制室或值班室再设置区域火灾报警控制器。附近建筑的火灾报警设备和联动设备均纳入相邻的区域火灾报警控制器中。信号楼、混合变电所、综合楼、检修库及材料总库、运行库联合车库等设备用房及管理用房设置各类探测器。火灾自动报警控制器、图形显示终端、区域火灾报警控制器及管理范围内的所有现场设备共同构成车辆段火灾自动报警系统。

主变电所视站内火灾工况的要求，设置联动型火灾报警器或区域火灾报警器。联动型火灾报警器可作为车站级的火灾报警控制器，并与全线火灾自动报警系统直接联网；区域火灾报警器应接入主变电所相邻车站的火灾报警控制器。区域火灾报警器将主变电所的报警、状态、联动信息按点实时送至车站级火灾报警控制器，再由车站控制级送至控制中心中央级。主变电所区域火灾报警控制器与管辖范围内的各类探测器、手动报警按钮、输入输出模块等现场设备构成主变电所火灾自动报警系统。

换乘车站的火灾自动报警系统，根据车站的共享功能，一般从一个完整车站，由先行建设的线路，按照整体的环控工艺和火灾联动工况，进行一次系统设计，分阶段实施。本阶段的火灾自动报警控制器应预留与其他线路中央和车站系统的通信接口，以实现信息交换。同时，在共享车站上其他线路需要联动控制时，接受其他线路中央的控制指令，执行相应的火灾工况。之后建设线路在本站部分的火灾自动报警系统，由后建线路自行购置，并完成接入本车站火灾自动报警控制器和原来线路的中央系统。

4. 现场级设备构成

各站级火灾报警控制器的下级布设了覆盖范围广、数量庞大的现场级设备，用以及时探测火灾灾情，及时联动相应设备运行到火灾模式。

现场级FAS系统主要包括以下设备：

（1）各类火灾探测器。智能化光电感烟探测器、红外光束感烟探测器、感温探测器、红外火焰探测器、可燃气体探测器和线性感温电缆等，用来实现现场火灾的报警，及时发现火情。

（2）监测及控制模块。用于对各设备运行状态的检测、报警检测及对各消防设备的控制。

（3）手动火灾报警按钮、消防电话分机及电话插孔。用于现场人员的人工报警及消防通信。

（4）警铃及声光报警器。火灾时发出火灾报警。

（5）消防广播。发布火灾信息，组织现场救灾工作及疏散人群。

（二）系统的主要功能

1. 中央级FAS系统功能

FAS中央级系统负责对高速铁路全线各车站、主变电所、车辆段、停车场、控制中心大楼的灾情监视、防灾设备的管理和灾害时的组织指挥工作，侧重于上层的救灾指挥和协调功能。

具体功能如下：

（1）监视全线火灾自动报警系统设备的运行状态、接收全线各车站、主变电所、车辆段、停车场、控制中心大楼的火灾报警信息。当发生火灾报警信号时，以地图式画面在综合显示屏上显示报警点、打印报警时间、地点并启动火灾报警的声光报警信号。

（2）记录显示全线所有消防设备的运行状态；当被控设备故障或状态变化时，应发出声音提示并打印、记录所发生的时间、地点。

（3）可对系统、设备、网络进行自检记录，包括设备的离线自动报警、网络的故障报警、存储操作人员的各项操作记录。

（4）存储、打印实时故障等其他各项记录。

（5）可以将历史记录等报告内容进行整理归纳并存储到磁盘，也可随机形成报表打印。

（6）具有可操作权限时，应对各站的控制器进行在线编辑和程序下载功能，修改现场的参数。

（7）火灾自动报警系统可通过相关接口，将火灾信息发送到信号系统。

（8）控制中心级可通过操作电视监控系统（CCTV）的键盘和显示终端确认现场的情况。根据火灾的实际情况，向有关区域发出消防救灾指令和安全疏散指令，并通过通信工具来组织指挥救灾工作的开展。火灾工况具有优先权。

（9）控制中心火灾自动报警系统能接收通信系统提供的主时钟信息，使火灾自动报警系统与主时钟同步。

2. 车站级 FAS 系统功能

车站级 FAS 系统具体功能如下：

（1）监视车站及所辖区间的消防设备的运行状态；接收车站及所辖区间火灾报警及重要系统的报警，并显示报警部位。

（2）接收车站火灾报警信号，显示报警部位，优先接收控制中心发出的消防救灾指令和安全疏散指令。

（3）通过车站的火灾报警控制盘内的 RS485 数据接口向机电设备监控系统发出模式指令，由机电设备监控系统启动消防联动设备。FAS 系统发出救灾命令到机电设备监控系统的时间不大于 1 s。

（4）在车站控制室的火灾报警控制盘内设消防电话，可与车站的消防电话通信。

（5）火灾报警控制盘接收气体灭火系统的 5 个反馈信号，火灾预报警信号、火灾确认信号、系统故障信号、气体释放信号、手动/自动状态信号。

（6）监视车站防火阀的动作，并将信息上传至控制中心。

（7）控制防火卷帘下降，接收其反馈信号，并将信息上传至控制中心。

（8）接收消火栓泵运行信号及故障信号，并按编制的程序控制消火栓泵的启停。

（三）系统的网络结构

根据火灾自动报警系统基本的结构要求和设计形式，火灾自动报警系统按照所采用的火灾探测器、各种功能模块和手报等与火灾控制器的连接方式，可分为多线制和总线制两种应用形式；根据火灾报警控制器进行火灾检测数据的处理和实现火灾模式识别方式的不同，分为集中智能型和分布智能型两种系统应用形式；按各个生产厂的系统实际产品形式，分为中控机、主子机和网络通信系统应用形式。

目前，高速铁路 FAS 系统采用的多为总线制分布智能型的网络通信系统，站级 FAS 系统是整个高速铁路 FAS 系统的最基本组成单元，负责本站范围内的火灾探测及消防联动等功能，它是全线 FAS 网络的一个节点单元，通过车站综合控制室火灾报警控制主机（FACP 盘）纳入到全线网络，由控制中心统一管理。

（四）系统的运作模式

系统的运作模式包括监视模式与报警模式。

1. 监视模式

在正常状况下，火灾报警控制器及车站现场设备处于监视状态，车站图形显示终端显示车站各防火分区、防烟分区的平面布置图和车站现场设备状态。

2. 报警模式

报警模式包括自动确认模式、人工确认模式及消防联动模式。

（1）自动确认模式。

任何一个报警区域，如有一个智能火灾探测器报警，同时有一个手动报警按钮报警，或者两个或两个以上的智能火灾探测器报警，则火灾自动报警系统自动确认报警。火灾确认后，火灾自动报警控制器发出指令、控制相关消防设备并发送指令至设备监控系统，设备监控系统接收并执行指令，按照预先设置的程序使相应的设备投入火灾工况模式运行，指令执行完成之后给火灾自动报警系统一个反馈信号，并传送至控制中心。

（2）人工确认模式。

如果报警区域为电视监控系统可以监控的区域，可由车站控制室的值班人员将电视监控系统切换到报警区域并确认，如果监视系统监视不到报警区域，则值班人员通过通信工具通知现场值班人员到现场进行确认。经人工确认火灾后，人工启动火灾报警系统进行消防联动，并发送指令至设备监控系统，设备监控系统接收并执行指令，按照预先设置的程序使相应的设备投入火灾工况模式运行，指令执行完成之后给火灾自动报警系统一个反馈信号，并传送至控制中心。

（3）消防联动模式。

消防联动模式是火灾自动报警系统自动实现火灾探测、火灾报警功能、控制和监视火灾时的排烟、排烟防火阀的动作状态，控制相关消防设施的联动，接受其状态反馈信号，并将信息上报至控制中心。火灾时，火灾自动报警控制器发出指令至设备监控系统，设备监控系统接收并执行指令，按照预先设置的程序使相应的设备投入火灾工况模式运行，火灾自动报警系统指令具有最高的优先级。

第六节　综合监控（ISCS）系统

目前高速铁路系统各专业按照自身技术特点，不同程度的应用了计算机技术、网络技术，以实现高速铁路的运营和监控自动化,如电力监控自动化系统(SCADA)可使调度中心实时掌握各个变电站、供电所设备的运行情况,直接对设备进行操作;机电设备监控自动化系统(EMCS)实现整条线路站内机电设备的集中监控和管理等。火灾自动报警系统(FAS),列车运行自动监控系统(ATS)等也对高速铁路系统的自动化和安全起着重要的作用。每个系统之间都是相互联系、相互依赖的,但是事实上每个系统由于各自的特点、不同的安全需要、数据冗余的不同,都是自成体系的,有各自独立的网络结构、服务器和操作站等,是一个个自动化孤岛。系统之间的联络比较困难且成本较高,难于实现信息互通、资源共享,要实现高速铁路运营的协调统一管理,不得不加入人工干预,这样就降低了可靠性、响应性和运营效率。于是,在这样的背景下,提出了面对高速铁路的综合监控系统(Integrated Supervision Control System,ISCS)。

一、综合监控系统结构

高速铁路综合监控系统建设的目的是将 SCADA、BAS、FAS 及 ATS 等系统的功能集于一体。如综合监控系统不仅具有对变电所全所的自动控制、保护功能和对供电设备、车站设备、防火设备等的遥控、遥信、遥测、遥调的功能,而且采取计算机综合监控系统技术,实现相关信息和资源的共享及调度、办公自动化,保证所有监控系统的高效性和紧急事件处理得及时准确。

在高速铁路系统现场,各监控系统的控制管理特点基本类似,都是分级控制的:采用两级控制或采用三级控制的总体结构。综合监控系统作为各个系统的信息枢纽,在构建时必须依据现场分级控制的实际情况。为了充分发挥系统的功能和便于系统的管理、维护,将综合监控系统分为中央级与车站级两级管理模式。

中央级综合监控系统位于综合监控中心,直接与各个业务子系统监控中心及车站级综合监控系统相联系,所涉及的交通信息资源来自各个子系统的监控中心和车站级综合监控系统。数据信息资源一般属于较高层次的决策支持的信息,对于细节性数据主要由车站级综合监控系统来组织、存储、处理和挖掘等。

车站级综合监控系统直接集成车站级各监控系统的信息,使全站的各个系统成为有机整体,并为新建系统提供开放的接口。与中央级综合监控系统互通信息,把收集到的车站中的实时信息传送到中央级综合监控系统,从中央级综合监控平台的集成数据库中读取本系统所需的其他系统数据,并接收中央级综合监控系统的指令和请求,如图 5.4 所示。

两级综合监控系统虽然涉及的信息内容和系统功能有所不同,但它们的结构是大体相同的。其中车站级综合监控系统是整个综合监控系统的基础。鉴于车站级综合监控系统的重要性,本书在描述综合监控系统的功能模块和具体实现时,重点描述车站级的综合监控系统。

车站级综合监控系统建立在高速铁路监控调度系统相关信息的数据标准层之上,使用符合国际和国家相关标准的数据规范,确保系统为各应用系统提供数据交换的机制和手段;整合不同监控应用系统的监控资源,并对其进行集成、融合和加工处理,成为能够为高速铁路综合监控指挥的信息;为部门或公众提供满足交通诱导服务的指挥调度信息,实现各个监控应用系统的无缝连接。高速铁路综合监控系统包括数据层、系统层、应用层和表示层 4 个层次的主要内容。

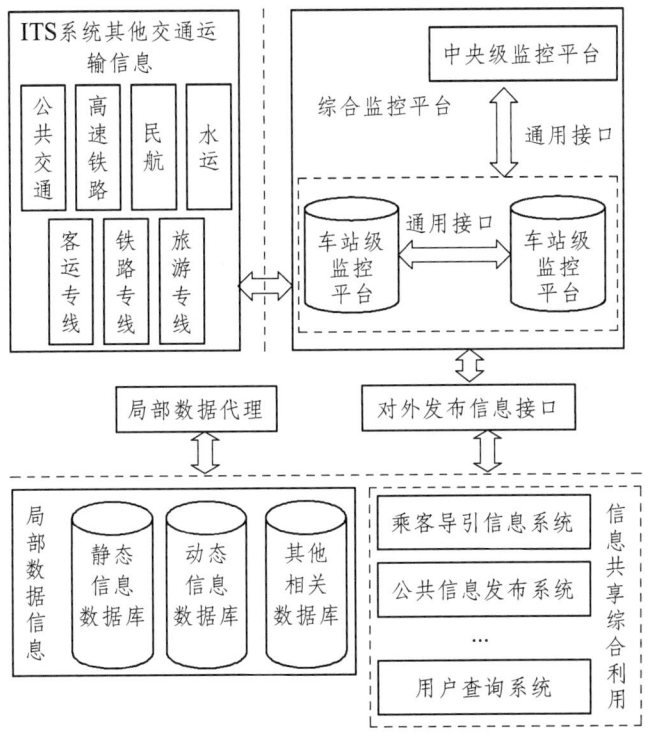

图 5.4　系统间信息流

1. 数据层

数据层是综合监控系统最基础的一层。包括与原有监控子系统之间的信息接口及一个对数据进行初步存储的数据库服务器。

2. 系统层

系统层是高速铁路综合监控系统的支撑环境，位于数据层之上，是应用需求中逻辑部分的详细表达，它提供数据仓库支撑环境和界面整合工具等，是应用和数据共享的中间环节。

3. 应用层

应用服务层是综合监控平台的核心部分。一方面，它要将从各个监控子系统中提取的信息进行二次处理，为应用服务做好准备；另一方面，它要对各级用户主体的服务需求做出响应，同时可以主动地对其所占有的系统全面信息进行深层次分析或挖掘，提出适合于不同用户主体的服务信息或指令，并及时提供给各级用户主体，完成其服务的功能，其主要由若干个支撑、服务、管理子系统来协同完成。

4. 表示层

表示层面向综合监控系统的用户，包括公司领导、综合监控中心、各监控子系统操作人员及专业人员等，他们的服务需求将定义综合监控系统的服务内容和核心过程。整个系统是一个功能完善的分散、分层、分布式系统。调度端、工作站、服务器等间隔终端之间只有通信信息交换，不存在电气之间的直接联系，各个系统具有高度的自治性。可以根据系统的实际需要增加新系统，而不影响整个系统的正常运行，在改扩建系统时可以减少工程投资。

二、综合监控系统的功能

1. 基础数据管理功能

监控平台需要集成现有 SCADA 系统、BAS 系统、FAS 系统、CCTV 监控系统、ATS 系统等，在该平台上可查看高速铁路各业务子系统所产生的信息、查看交通控制类业务子系统中的设备及其管理状态，同时可以对这些设备进行控制、查看远程数据采集系统的设备状态及所采集数据的统计信息，同时还可以向交通信息发布类业务子系统提供需要发布的信息。

2. 可视化监控调度的功能

平台负责在日常工作和管理过程中出现异常事件时，实现对相关监控资源的调配和指挥。根据整体系统集成化要求，具体提供如下功能：实时对所辖各个设备和系统状态进行监控和分析；迅速、准确、可靠地下达监控子系统具有的各种控制命令；在紧急状态（阻塞或故障状态）发生时启动相应的预案，提高指挥的效率。如预案库中尚无对应的处理方案，则由综合指挥系统的决策支持分析功能完成对事件的统计和分析生成新的处理预案，并保存到预案库中。

3. 查询、统计和分析及必要的决策支持的功能

综合监控平台集中全部监控数据，在实时监控功能中，需要参照设备运行状态、事件发生情况、客流状态预测和相应的决策支持等相关信息。具体决策支持功能包括如下几个方面：

（1）基于对各个监控系统运行状况的分析，迅速对系统运行态势进行准确判断。

（2）基于相关子系统当前和历史数据，运用 OLAP、DM 和 AI 等技术对整个系统将来的运行进行科学预测。

（3）根据事故的响应和处理情况，制定切实可行的紧急事件处理预案，以备在事件发生时选择并采用优化方案付诸实施。

（4）提供支持决策分析能力，帮助车站工作人员在各种工作环境下，实现对各种系统运行特殊情况的处理和分析，从而实现对车站所辖各种设备和车辆运行状况的有效控制和管理。

第七节 高速铁路控制中心系统

高速铁路控制中心系统是在路网层面上，对线路、车站日常事务、行车调度、应急指挥的管理。

一、控制中心系统设计原则

1. 先进性原则

系统设计从整体上具有高起点，采用了先进并具有发展前景的技术和产品，并且具有良

好的系统扩展功能,使系统在一定时期内保持世界领先水平。

2. 安全可靠性

原则指挥中心系统是指挥中心统一管理、信息共享、应急指挥的重要信息传输通道。为确保这些功能,考虑建立系统的安全机制,从网络结构、技术选择、关键环节备份、软硬件配置、对非法用户或计算机病毒入侵的抵御能力等多方面保证系统的安全性。主要设备采用冗余设计,网络采用双网方案。

3. 可扩展性原则

根据线路的建设周期,并充分考虑既有线路的技术改造和未来轨道交通的建设发展,方案具有可持续性和可扩展性,并能分阶段实施。

在系统结构和设备的选择方面,具备了良好的可扩充能力,可以根据需要对系统进行必要的调整和扩充,这包括存储容量和网络规模等方面的扩充。在全面升级的情况下,能够最大限度保护现有投资。

通过硬件升级及软件参数的调整,指挥中心可监管到多条线路,以满足轨道交通网持续发展的需求。

4. 开放性、兼容性原则

轨道交通指挥中心系统所采用的设备必须支持符合国际标准和工业标准的相关接口,能够与其他相关系统或业务部门实现可靠的互联;在支持标准的应用开发平台方面,系统软硬件平台应具有良好的移植能力,在硬件升级后保持兼容性;在网络协议的选择方面,选择广泛应用的标准协议,确保今后的网络扩展和业务发展需要。

5. 可维护性原则

系统便于维护和维修,提供方便的维护手段,维护维修工作不会导致整体系统停机或中断。应用系统设计充分考虑方便用户,简化用户操作,提供友好的人机界面和丰富的实用软件,最大限度地满足用户需求。

二、系统的组成

(一)调度指挥系统各子系统的构成

高速调度指挥中心(控制中心)作为高速铁路安全运营的中央协调角色,负责协调各条线路的控制中心及各运营主体。它具有综合监视、多轨道线路多交通系统运营协调、应急指挥及信息共享等职能。

除了建设主指挥中心外,还建设后备指挥中心,作为灾害情况下(如恐怖袭击、地震、火灾等)或指挥中心故障或失效时的应急指挥中心,实现异地救灾,并通过后备系统完成异地数据备份功能。

高铁调度指挥中心与各条线路的控制中心级接口,采用统一的人机界面和操作方式,监视并协调各条线路的运营。

控制中心系统采用 C/S 结构和 B/S 结构的混合结构，以及 TCP/IP 协议的设计。软件采用了模块化设计，易扩展和完全冗余，并具有自动热备份故障切换，所以有高度的可用性和可靠性。系统还设有开发及测试平台，以实现开发、测试和培训的功能。各子系统构成如图 5.5 所示。

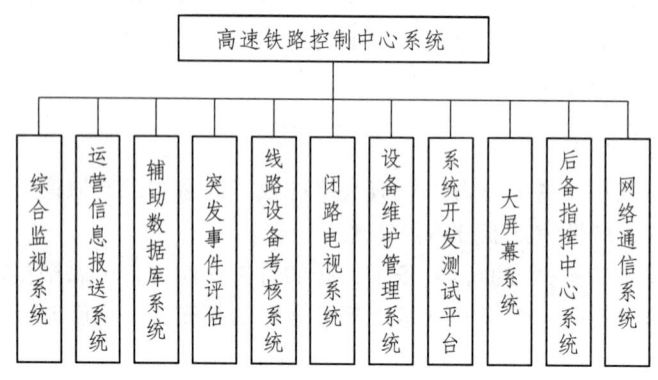

图 5.5　高速铁路控制中心系统组成

（二）调度指挥系统设备构成

1. 指挥中心调度指挥系统设备构成

（1）指挥中心控制中心系统由服务器、存储设备、工作站，以及测试平台系统、闭路电视系统、网络和大屏幕系统组成。

（2）控制中心系统采用双以太网、双应用服务器、双数据库服务器结构，保证系统运行的可靠性，增强系统的容错能力。同时设置一套 SAN 系统，实现数据的存储。

（3）控制中心系统设置相应的工作站，实现对线路的综合监视、网络管理及视频控制等功能。

（4）控制中心系统设置开发测试平台，用于进行控制中心系统的测试、修改、开发与培训工作。测试平台由开发测试服务器、数据服务器、工作站、前置处理器、打印机、接口系统模拟器及测试平台交换机等组成。

（5）控制中心系统在中心设置闭路电视系统（CCTV）。CCTV 系统用于实现控制中心系统对各线路 CCTV 系统的集中监视与控制，系统由视频服务器、视频操作/监视终端、视频编码器、数字硬盘录像机和 CCTV 交换机等组成。

（6）控制中心系统网络由主干网络交换机、网络管理服务器、网络时间服务器、核心网络交换机、防火墙等组成。主干网络是控制中心系统内部设备相互交换信息的通信平台，所有控制中心系统设备都连接到主干网络上；核心网络则是控制中心系统与外部设备相互交换信息的通信平台，与控制中心系统接口的外部设备都连接到核心网络上；主干网络与核心网络之间，以及核心网络与外部系统网络之间，均设置有防火墙以隔离保护控制中心系统内部设备。指挥中心通过以太网三层核心交换机与后备指挥中心系统连接，完成数据通信功能。

（7）控制中心系统还设有大屏幕系统。大屏幕系统是由 39 面显示单元、大屏控制器及大屏控制终端等组成。

2. 后备指挥中心调度指挥系统设备构成

（1）后备指挥中心系统采用双以太网、双应用数据库服务器结构，保证系统运行的可靠性，增强系统的容错能力。应用/数据服务器提供监控系统的运行平台，并负责处理系统的实时数据，将实时数据转发给各操作站。

（2）应用/数据库服务器配置磁盘阵列作为外部数据存储介质。

（3）由于后备指挥中心为降级条件下的运行模式，因此只设置电调操作站与行调工作站，对电力、行车信息进行监视。

（4）后备指挥中心通过以太网三层核心交换机与小型指挥中心系统连接，完成数据通信功能。

控制中心系统的设备构成如图 5.6 所示。

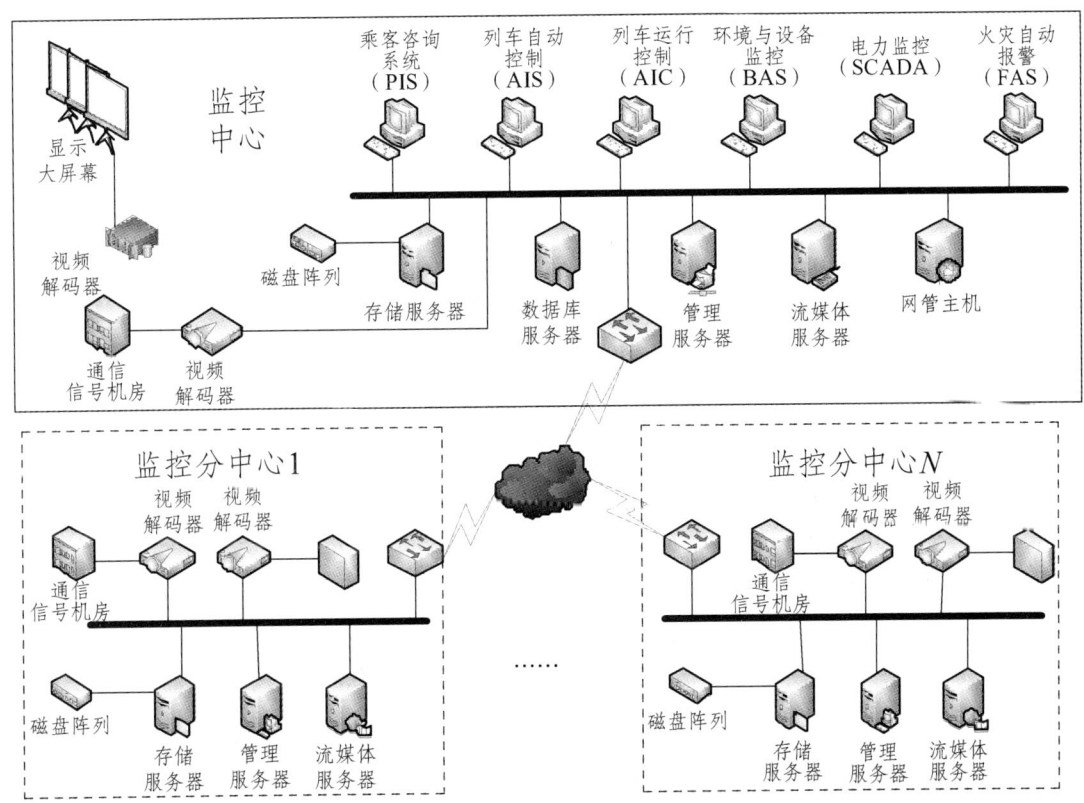

图 5.6　控制中心系统的设备构成

三、系统接口

控制中心系统的设备构成为了实现控制中心调度指挥系统对线网运营监管、信息收集与发布等功能，控制中心调度指挥系统需要通过与线路控制中心各个系统进行接口，采集线路设备运行信息、所有在线运行列车的位置等信息，监督线网内的各线的运营状态。所涉及的控制中心的专业系统有：供电系统（PSCADA）、信号系统（SIG）、环控系统（BAS）、防灾系统（FAS）、自动售检票系统（AFC）和主控系统（ISCS）。同时，通过 CCTV 视频监控系统循环监视线网中各车站公共区域、站台、出入口等区域的客流。另外，控制中心还将向 OCC 的乘客信息系统（PIS）发送一些与乘客有关的运营信息。

因此，为了完成控制中心调度指挥系统的相关功能，控制中心调度指挥系统需要与线路控制中心的 PSCADA、SIG、BAS、FAS、AFC、CCTV、HS 及 ISCS 等专业系统进行接口。

目前，线路控制中心（OCC）的系统有以下三种模式：

（1）有综合监控系统（ISCS）。

（2）没有综合监控系统（ISCS），各系统完全独立。

（3）仅有部分专业进行了综合，其他专业独立。

针对三种不同的情况，有以下五种不同的接口方式：

1. 控制中心与 OCC 综合监控系统（ISCS）接口

OCC 综合监控系统（ISCS）将相关专业系统（PSCADA、FAS、BAS、SIG 及 AFC 等）进行了集成或关联，所以控制中心所需要的相关专业的全部信息通过综合监控系统（ISCS）获得，ISCS 须向集成或关联的专业采集控制中心所需的信息。

控制中心调度指挥系统与综合监控系统的接口采用主备双冗余的 100 Mbps 以太网接口。

2. 控制中心调度指挥系统与部分专业进行综合的 OCC 接口

对于部分专业进行了综合的 OCC，综合专业（包括集成和关联的专业）的信息统一由综合系统提供给控制中心。对于独立的专业系统，控制中心要直接与该系统进行接口，由该独立专业系统向控制中心提供信息。其中，专业系统包括 PSCADA、FAS、BAS、SIG、AFC 等。

控制中心调度指挥系统与综合系统及独立系统的接口采用主备双冗余的 100 Mbps 以太网接口。

3. 控制中心调度指挥系统与未设综合监控系统的 OCC 接口

对于未设综合监控系统的 OCC，其各专业系统（PSCADA、FAS、BAS、SIG、AFC 等）是完全独立设置的，控制中心系统需与每个专业进行直接接口，由各独立专业系统向控制中心提供信息。控制中心调度指挥系统与各独立系统的接口采用主备双冗余的 100 Mbps 以太网接口。

4. 控制中心调度指挥系统与 OCC 的 PIS 接口

指挥中心还将向 OCC 的 PIS 发送一些与乘客有关的运营信息，如换乘站相关线路的列车时间表、线路临时关闭及公交事件等。

控制中心调度指挥系统与 OCC 的 PIS 接口采用双 100 Mbps 以太网接口。

5. 控制中心调度指挥系统与线路 CCTV 接口

控制中心调度指挥系统与线路 CCTV 接口有两种：一种是视频信号接口；另一种是控制信号接口。

视频信号：每条线路向控制中心提供 8 路模拟视频信号。

控制信号：采用 100 Mbps 以太网接口。

四、控制中心系统功能

控制中心负责进行日常监督、管理、运营调整和调度指挥,并为不同的运营主体提供公共服务,在突发事件下组织、协助抢险救援。控制中心系统总体功能包括:日常业务、客流、列车和设备监测协调、应急处理、辅助决策、统计分析和共享信息。

(一)日常业务

指挥中心工作人员经常使用的例行业务包括以下几个:
(1)交接班日志:对今天的工作进行交接,注明注意事项。
(2)工作日志:对当天的工作做详细的记录,以便查询。
(3)电话簿:可以查询、新建所有工作人员的联系电话和通话记录。
(4)LED 配置器:对 LED 显示屏上要显示的信息进行设置。
(5)天气预报:新建当天的天气情况,查询历史天气情况。
(6)班次与人员管理:对班次和人员进行安排。

(二)客流、列车、设备监视协调

指挥中心代表政府/业主,监视/协调各轨道交通运营主体的运营情况。

1. 客流监察

客流监察可分别针对路网、换乘站和线路进行客流量的监察。
(1)客流数量:可以对 15 分钟的出入站客流数、当日累计的出入站客流进行统计分析,并对它们进行趋势分析。
(2)实时摄像:可以实时调出每个车站的每个摄像头的拍摄画面,对当前客流进行直观的查看。
(3)客流流向:在线路层面上,对客流流向进行标示,并且显示客流的大小情况。

2. 列车监察

列车监察主要以线路为单位进行监察。对当前列车的行驶情况、线路情况进行实时显示。
(1)列车情况:显示列车的车次、位置和晚点信息。
(2)供电情况:显示列车所在线路的供电系统的运行状态。
(3)线路情况:显示列车所在线路的工况信息,详细地标出线路的线性、离心率、线路区间长度等。

3. 设备监察

设备监察主要对路网总的关键设备设施进行状态的监察,显示它们的使用状况,当有故障发生时及时发出报警信息。
(1)设备运行状况:以不同的颜色表示设备当前的运行情况,一般绿色为正常运行、红色为故障。

（2）设备位置：对每个设备进行编号，可以根据编号定位，或者在车站的平面图中显示设备位置。

（三）应急处理

当轨道交通运营发生突发事件时，各运营主体应立即将简要情况上报，并迅速核实初步情况。在特别重大、重大事故及紧急情况下和一般轨道交通运营突发事件发生时，各运营主体应立即启动应急预案并进行处置，并随时报告突发事件的后续情况。

（四）辅助决策类

类似于文档管理器的功能，对系统中用到的文档进行存储，以供查询、编辑和使用，对决策提供文件支持。

（五）统计分析

对工作报表、发生的事件进行统计和分析。
（1）工作报表：导入/导出工作汇总表、下载/导入工作报表模板，并且可以对工作汇总表进行编辑和预览。此外，对已经导入的报表，可以进行查询（包括报表的名称、类型、上报人员、修改日期、上次执行时间和执行次数）。
（2）报警管理：对报警信息进行统计，统计后可按照需求查询历史报警信息。
（3）事件管理：对事件的处理信息进行统计，统计后可按照需求查询历史事件处理信息。

（六）共享信息

（1）提供客户服务平台与各线共享，产生规模效应，带来较好的经济收益。如：气象、新闻、大型活动及其他交通方式的信息。
（2）线路的运营信息。如向A线发布B线列车运营信息，向各线发布A线某车站已紧急关闭的信息。
（3）提供共用系统，如时钟、数据网络交换平台、无线通信系统转接平台等。
（4）提供统一的资讯，如天气预报及新闻信息。
（5）指挥中心作为北京市轨道交通网内所有线路与其他公共交通系统接口。其他公共交通系统通过指挥中心与各条线进行信息沟通，免去与多个运营主体联络的麻烦。

控制中心的六种功能相互关联，完成指挥中心的指挥、协调及应急处理的责任。监视协调，是从集中信息功能中获取基础数据以及视频信息，进行统计分析，并对线路进行监视，出现问题时协调解决。应急处理，是根据获取的基础数据、现场视频信息及相关预案，由调度人员发出应急指令。共享信息，是向线路发送运营和商务信息，并向其他部门发布相关信息，是整个系统的信息出口。

参考文献

[1] 王艳辉,等. 城市轨道交通运营安全管理方法与技术[M]. 北京:北京交通大学出版社,2011.
[2] 肖贵平. 铁路运输安全管理[M]. 北京:中国铁道出版社,1999.
[3] 宾任祥,等. 铁路运输安全管理概论[M]. 成都:西南交通大学出版社,2001.
[4] 李进忠. 高速公路运营安全管理知识百问[M]. 北京:人民交通出版社,2010.
[5] 张国宝. 城市轨道交通运营组织[M]. 上海:上海科学技术出版社,2006.
[6] 沈斐敏. 安全系统工程基础与实践[M]. 北京:煤炭工业出版社,1991.
[7] 肖敏敏,等. 道路交通安全工程[M]. 北京:中国建筑工业出版社,2012.
[8] 廖济广,等. 铁路安全系统工程[M]. 长沙:湖南大学出版社,1987.
[9] 曹琦. 铁路安全系统工程简明教程[M]. 成都:西南交通大学出版社,1988.
[10] Ebeling,Charles E. 可靠性与维修性工程概论[M]. 北京:清华大学出版社,2008.
[11] 黄祥瑞. 可靠性工程[M]. 北京:清华大学出版社,1990.
[12] BS 迪隆. 人的可靠性[M]. 周广涛,译. 北京:宇航出版社,1991.
[13] 现代企业安全生产管理典型经验系列丛书编委会. 交通运输企业安全生产管理经验[M]. 北京:中国劳动社会保障出版社,2004.
[14] 黄守刚. 铁路工程建设安全生产管理[M]. 北京:中国铁道出版社,2011.
[15] 张燕,等. 施工企业安全生产管理[M]. 北京:中国建筑工业出版社,1991.
[16] 全国注册安全工程师执业资格考试编写组. 安全生产管理知识[M]. 北京:北京科学技术出版社,2013.
[17] 刘双跃. 安全评价[M]. 北京:冶金工业出版社,2010.
[18] 唐琤琤,等. 道路交通安全评价[M]. 北京:人民交通出版社,2008.
[19] 王武,等. 交通行为分析与安全评价[M]. 北京:北京理工大学出版社,2013.
[20] 刘铁民,等. 安全评价方法应用指南[M]. 北京:化学工业出版社,2005.
[21] 高秀平,等. 安全管理[M]. 北京:中国水利水电出版社,1998.
[22] 常占利. 安全管理基本理论与技术[M]. 北京:冶金工业出版社,2007.
[23] 中国建筑工程总公司. 施工现场危险源辨识与风险评价实施指南[M]. 北京:中国建筑工业出版社,2008.
[24] 刘诗飞,等. 重大危险源辨识及危害后果分析[M]. 北京:化学工业出版社,2004.
[25] 程孝龙,等. 智慧城市重大危险源安全监控开发设计[M]. 武汉:华中科技大学出版社,2013.
[26] 赵鹏. 高速铁路运营组织[M]. 北京:中国铁道出版社,2009.

[27] 余也艺. 高速运输系统安全[M]. 北京：中国铁道出版社，1996.

[28] 周黎明. 山区高速公路运营安全管理[M]. 成都：西南交通大学出版社，2013.

[29] 过秀成. 道路交通安全学[M]. 南京：东南大学出版社，2001.

[30] 连义平，等. 城市轨道交通安全管理[M]. 成都：西南交通大学出版社，2011.

[31] 铁道部第四勘测设计院编. 高速铁路[M]. 北京：中国铁道出版社，1984.

[32] 贾利民，等. 高速铁路安全保障技术[M]. 北京：中国铁道出版社，2010.

[33] 刘卡丁. 城市轨道交通系统安全保障体系研究与应用[M]. 北京：中国建筑工业出版社，2011.

[34] 周蔚吾. 公路交通工程与安全保障技术[M]. 北京：知识产权出版社，2010.

[35] 林才奎. 复杂地质条件下隧道施工安全保障技术[M]. 北京：人民交通出版社，2010.

[36] 宁滨，等. 高速列车运行控制系统[M]. 北京：科学出版社，2012.

[37] 唐涛. 列车运行控制系统[M]. 北京：中国铁道出版社，2012.

[38] 曲立东. 城市轨道交通环境与设备监控系统设计与应用[M]. 北京：电子工业出版社，2008.

[39] 刘晓娟，等. 城市轨道交通综合监控系统[M]. 成都：西南交通大学出版社，2011.

[40] 李国宁，等. 城市轨道交通综合监控系统及集成[M]. 成都：西南交通大学出版社，2011.

[41] 中国铁道部劳动和卫生司，等. 高速铁路控制中心信号设备维修岗位[M]. 北京：中国铁道出版社，2012.

[42] 杨适综. 高速铁路标准化作业管理与实务[M]. 北京：中国铁道出版社，2011.

[43] 刘勇. 铁路运输安全管理与成本控制手册[M]. 北京：光明日报出版社，2002.